Viktor Aldrin

Referensguiden 2
Parallell stilmanual för Harvard, APA, Oxford & Chicago

2021

www.referensguiden.com

Viktor Aldrin
Referensguiden 2: Parallell stilmanual för Harvard, APA, Oxford & Chicago.

Omslag, layout och text: författaren.

Förlag: BoD – Books on Demand, Stockholm, Sverige
Tryck: BoD – Books on Demand, Norderstedt, Tyskland
ISBN: 9789180075671

https://www.referensguiden.com
https://www.viktoraldrin.se

Innehåll

Förord utgåva 2

Den första utgåvan av Referensguiden var resultatet av både frustration och nyfikenhet. Jag var frustrerad över den iver som ibland förekom kring uppfattningen på ett enda korrekt sätt att referera till en källa. Det gällde särskilt när denna iver ledde till kritik av andra vetenskapsämnens traditioner att referera. ”There can be only one ;-)” Min egen bakgrund i flera olika vetenskapstraditioner hade däremot lärt mig att man kunde göra samma sak på flera olika sätt – bara man är korrekt och konsekvent. Det ledde till en nyfikenhet från min sida. Hur ser källhänvisningar ut i olika referensstilar? Vad skiljer dem åt och vad finns det för likheter. Lite nördigt kan tyckas, men som man ibland säger: ”God is in the details” – det är i detaljerna som det konstnärens skicklighet framträder. Konceptet med fyra parallella exempel är hämtat från teologins värld. Där är det vanligt med olika bibelöversättningar och tolkningar av en ursprunglig text. En lösning har varit att redovisa flera översättningar parallellt för att på så sätt kunna jämföra olika översättningar och tolkningar i relation till en grundtext.

Sedan jag publicerade den första utgåvan av Referensguiden fritt som pdf, har den visat sig vara en mycket uppskattad bok. Vid skrivande stund, ungefär sex år senare, har pdf-utgåvan laddats ner över 19 000 gånger! Mycket har hänt i den akademiska världen sedan den första utgåvan utkom och behovet av en reviderad utgåva har varit uppenbar. Den kanske största förändringen mellan de båda upplagorna är synen på digitala källor. I den första utgåvan var de ett komplement, numera är de grunden. När jag blev kontaktad av ett lärosäte om jag ville ge ut Referensguiden som tryckt bok, beslöt jag mig att revidera boken och publicera den fysiskt. Jag inser att denna bok kommer att kosta en liten slant i jämförelse med den första upplagan som varit helt gratis. Men jag har använt alla tänkbara medel för att få ner kostnaden så mycket det bara är möjligt. Min förhoppning är att boken kommer att stå sig ett tag, för snart börjar jag drömma om kommatecken och parenteser…

Hoppas att boken blir till nytta!

Viktor Aldrin
Halmstad, 12 oktober 2021

Förord utgåva 1 (2015)

Att referera till en källa är en konst som kan praktiseras på många olika sätt. Under min tid som lärare på lärarutbildningen har jag kommit i kontakt med flera olika slags referensstilar och studenter som frågar hur man refererar på ett korrekt sätt enligt en av dessa referensstilar. För att underlätta för både studenter och lärarkollegor har jag därför sammanställt en liten handbok i den ädla konsten att skriva referenser. Grundtanken i guiden är att det finns många olika sätt att skriva referenser på och att de alla är lika korrekta, huvudsaken är att användandet är konsekvent.

I min skolning som religionsvetare har jag kommit i kontakt med ett sätt att presentera olika bibelöversättningar parallellt, som brukar kallas quadriga, det vill säga fyrparallellig presentation. I ett sådant system sätts samma text i fyra spalter för att på så sätt visa på hur en text kan översättas på flera olika sätt. Den metoden har jag överfört till denna referensguide. Det är min förhoppning att guiden kan komma till användning för den ovane att referera, och för den vane att påminna sig om hur en särskild referens ska skrivas.

Lycka till!

Viktor Aldrin
Halmstad, 14 april 2015

Vad är en referens? Några principer för korrekta källhänvisningar

Grundprinciper för samtliga vetenskapliga referenser

I grund och botten handlar en referens om att på ett systematiskt och överskådligt sätt presentera källor så att andra har möjlighet att själva läsa och granska påståenden som görs i vetenskapliga texter. Grundprincipen är att vara konsekvent och bara använda en referensstil.

En enkel metod att utgå ifrån är frågorna vem, när, vad, var och hur:

- *Vem* har skrivit källan? - en eller flera författare
- *När* har källan publicerats? - antingen ett årtal eller ett exakt datum
- *Vad* heter källan? - verkets fullständiga titel
- *Var* har källan publicerats? - platsen för publiceringen såsom exempelvis förlag, tidskrift eller webbplats
- *Hur* har källan publicerats? - formen för publiceringen påverkar hur en referens ser ut

Samtliga av dessa fem frågor måste kunna besvaras för att en referens ska fungera - och det helt oberoende av vilken referensstil som används.

Hur denna information presenteras beror däremot på vilken referensstil som används. För att förenkla för dig som användare av boken, kommer därför samtliga typer av referenser att först inledas med dessa fem frågor. Därefter kommer de att presenteras beroende på hur de olika referensstilarna hanterar referenserna.

Referenser till fysiska eller digitala källor?

Sedan år 2015, då den första utgåvan av Referensguiden publicerades, har digitala källor allt mer kommit att dominera vår omgivning. Det har lett till ett ökat behov av information av hur man kan referera till en källa – beroende på om den finns fysiskt eller digitalt. Ofta finns dessutom många källor både digitalt och fysiskt. Vilken ska man då välja? När jag började min bana som forskare var valet det fysiska. Fanns det en fysisk källa skulle den användas då det ansågs mer tillförlitligt och även mer säkert. Ett fysiskt exemplar av något försvinner sällan. Den digitala världen förändras emellertid ständigt och det i snabb takt. En hänvisning idag fungerar antagligen inte särskilt väl om tio år. Fokus har därför tidigare legat på tillgänglighet i det långa perspektivet.

Men, tider förändras och bruket av referenser likaså. Jag har som universitetslärare allt mer märkt att mina studenter ser digitala källor som tillgängliga. En digital referens är snabbare att hitta. Den är också mer enkel att komma åt med hjälp av dator eller exempelvis surfplattor och mobiltelefoner. Fokus har därför kommit att handla om tillgänglighet just nu och för fler.

Därför, har jag beslutat att i den andra utgåvan ändra grundprincipen för referenser i boken. Grunden handlar om tillgänglighet i det kortare perspektiv som är tillgängliga för fler än för ett mindre fåtal i ett långt perspektiv.

Princip: *Finns det både en fysisk och en digital källa bör man först och främst referera till den digitala.*

Undantag/alternativ princip: *Om det finns behov av ha så korta referenser som möjligt, exempelvis på grund av begränsningar i antalet ord eller tecken i en text, kan det vara lämpligt att istället referera till den fysiska källan.*

Blanda däremot inte dessa båda principer utan välj en. Jag rekommenderar att först och främst hänvisa till digitala källor.

På grund av principen om digitala källor har boken därför fått en annan struktur i den andra utgåvan. Jag har skilt mellan fysiska och digitala referenser i varsitt avsnitt. I den första utgåvan kompletterade digitala referenser istället för de fysiska referenserna.

En annan stor förändring sedan första upplagan rör även den digitala referenser: datum för när en digital källa senast besöktes. Tidigare har praxis varit att alltid ange när en digital källa senast var i bruk. Numera avråder handböckerna till tre av de fyra referensstilarna som används i här datum för senaste besök/hämtning. De menar att det räcker med att ange när en digital källa publicerats. Enbart Oxford-stilen fortsätter med datum för senaste besök.

Svenska varianter på referensstilar

Behovet av att hänvisa till källor och litteratur är mycket gammalt. Det har därför utvecklats många olika parallella sätt att göra referenser. De fyra stilarna som används i denna referensguide är de internationellt mest vanliga stilarna, men i Sverige finns många andra stilar som används. Ofta finns en lång tradition bakom sättet att skriva referenser inom ett visst ämne och en stolthet att fortsätta denna egna tradition. Det är i allra högsta grad viktigt som student att ta reda på vad som gäller för det egna ämnet och inte förutsätta att ett system kan gälla överallt. Ett bra sätt att lära sig hur det lokala referenssystemet ser ut är att titta i avhandlingar som skrivits inom det egna ämnet.

Den svenska fotnotsstilen

En vanligt förekommande sätt i Sverige att referera till källor och litteratur är det så kallade ”fotnotssystemet/-stilen”. Det har stora likheter i referenslistan med antingen Oxford- eller Chicago-stilen, men hanterar referenser i brödtexten på ett annat sätt.

Används vanligen inom humaniora (historievetenskap, religionsvetenskap) och juridik i Sverige och Norden. Det är en förenkling av antingen Oxford-systemet eller Chicago-systemet där fotnoten hänvisar till författare och årtal istället för författare och kort titel. I referenslistan står emellertid årtalet sällan i anslutning till författaren.

- Referenser i fotnoten anges efter årtal, med den senaste publikationen först. På så sätt går det att spåra vem som ursprungligen skrev påståendet/belägget och vem som därefter använt det.
- Mellan varje referens används ett semikolon ; som skiljetecken.
- Inom denna stil är det vanligt att ha längre kommentarer i fotnoterna utöver själva referenserna.
- Det är möjligt att ha ytterligare referenser i fotnoterna, vilket anges inom paren-

tes för att markera att påståendet eller citatet i fotnoten har en egen referens.

- Om samma författare skrivit flera verk samma år, används bokstäverna a, b, c för att markera skillnaden som är i alfabetisk ordning efter titeln på verket. Exempelvis (Karlsson 2000a; Karlsson 2000b). Bokstaven ska också användas i referenslistan så att det går att hitta referensen där.

Exempel

Referens i brödtext:
Kritik har framförts mot att påståendet att alla svanar är vita.[1] Emellertid påpekar Berntsson i sin studie att det finns svarta svanar i Londons parker.[2]
I fotnoter:

1. Keller 2000, s. 100–132. Keller påpekar även att ”svanar är grå när de föds” (Keller 2000, s. 99).
2. Berntsson 1996, s.50–55.

I listan med referenser: Följer antingen Chicago-, eller Oxford-stilen.

Fyra olika referensstilar: Harvard, APA, Oxford & Chicago

Det är lätt att tro att det bara finns en enda riktig referensstil – och det är då naturligtvis det egna invanda systemet... I realiteten finns emellertid hundratals referensstilar som används på olika universitet, tidskrifter och förlag. Fyra vanliga referensstilar är här i fokus: Harvard, APA, Oxford samt Chicago. Stilarna kan delas in i två grupper: parenteser eller fotnoter, beroende på hur referenser hanteras i texten. Harvard och APA ingår i gruppen parentesreferenser, medan Oxford och Chicago (varianten fotnoter-referenslista) ingår i gruppen fotnotsreferenser.

Parentesreferenser

Harvard-stilen

Utvecklades under 1800-talet på biblioteket vid University of Harvard, USA, och var den första referensstilen med parenteser. Den blev känd genom en brittisk forskare på besök, och vidareutvecklades både i Storbritannien och USA vilket har lett till att det finns en stor mängd varianter av Harvard-stilen. Det finns emellertid en normerande standard för denna stil i ISO 690:2010 (§ A.2). Likväl ger denna ISO-certifiering inte svar på alla slags referensformer, och i denna guide kommer därför andra varianter av denna stil att användas också för att skapa ett komplett system. De två främsta icke-svenska källorna för dessa alternativa exempel står att finna i Chicago Manual of Style, 17th edition (varianten author-date) som är en variant på Harvard-stilen utvecklad vid University of Chicago, USA, samt Anglia Ruskin University Library – Guide to the Harvard System of Referencing: (https://libweb.anglia.ac.uk/referencing/harvard.htm). Det finns även flera svenska guider för Harvard-stilen. Mitt eget lärosäte, Högskolan i Borås, har sedan en tid tillbaka en omfattande guide som i skrivande stund, 2021, har versionsnummer 9.8 (https://www.hb.se/biblioteket/akademiskt-sprak/referera-till-kallor/guide-till-harvardsystemet/).

Några grundprinciper

- I löptext anges alltid exakt sidhänvisning.
- Sidhänvisning anges vanligen med kolon och sidnummer (Keller 2000:120), men kan också anges med ett komma och s. (Keller 2000, s. 120). Högskolan i Borås Harvard-guide använder sig av ”s” för att markera sidor (”ss” för flera sidor). I denna guide används genomgående kolon för Harvard-stilen.
- Mellan referenser anges semikolon ;.
- Flera referenser i brödtexten anges efter betydelse, med den viktigaste publikationen först.
- Ingen åtskillnad görs mellan olika typer av referenser (som exempelvis litteratur och källor) – alla hamnar i bokstavsordning i referenslistan.
- Om samma författare har skrivit flera verk samma år, används bokstäverna a,b,c för att särskilja dem i alfabetisk ordning efter titeln på verket. Exempelvis (Karlsson 2000a; Karlsson 2000b). Bokstaven ska också användas i referenslistan så att det går att hitta referensen där.
- Referenser i löptexten anges i bokstavsordning efter författarens efternamn. Författarnamnet anges vanligen i gemener med inledande Versal (Larsson), men det är också accepterat att ange det i VERSALER (LARSSON) enligt ISO 690:2010. Författarens förnamn anges i referenslistan antingen med inledande bokstav (Larsson, L.) och punkt, eller hela förnamnet utskrivet (Larsson, Lennart). I denna guide används hela förnamnet utskrivet för Harvard-stilen.
- Slutlistan med referenser heter litteraturförteckning.
- En ny princip för Harvard-stilen i Referensguiden 2, är att all form av personlig kommunikation anges i en fotnot istället för inom parentes. Referensen ska inte vara med i litteraturförteckningen.
- Datum för när en digital källa har senast har besökt anges numera inte i Harvard-stilen. Det är naturligtvis möjligt att lägga till sådan information, då efter själva referensens url: https://xxx [2021-03-15].

Exempel

Referens i brödtext:
Kritik har framförts mot att påståendet att alla svanar är vita (Keller 2000:120). Emel-

lertid påpekar Berntsson i sin studie (1996:50–55) att det finns svarta svanar i Londons parker.

I listan med referenser:

Berntsson, Petra Anneli, 1996. *En studie av Londons svanar.* Oxford: Oxford University Press.

Keller, Mary, 2000. Är svanar vita: En meta-studie. *Journal of Swan Studies,* 82(1), 100–132.

APA-stilen

Utvecklades ur Harvard-stilen och användes ursprungligen i den vetenskapliga tidskriften Journal of American Psychologcal Association (förkortas APA). APA-stilen används vanligen inom utbildningsvetenskap och psykologi. Eftersom stilen är uppbyggd för det engelska språket, har vissa justeringar gjorts här för att passa det svenska språket. Normerande för denna stil är boken *Publication Manual of the American Psychological Association.* I skrivande stund, 2021, är den sjunde utgåvan från 2020 den senaste. Det finns även en officiell engelsk webbplats för APA-stilen: https://www.apastyle.org

Några grundprinciper

- Sidhänvisningar bör användas i löptext med en exakt sidhänvisning, men detta är inte ett tvång. Denna princip infördes från och med sjätte utgåvan av APA-manualen.
- Sidhänvisningar anges med komma, och s. (Keller, 2000, s. 120.)
- Mellan referenser inom parentes anges semikolon ;.
- Flera referenser i brödtexten anges efter betydelse, med den viktigaste publikationen först.
- Ingen åtskillnad görs mellan olika typer av referenser (som exempelvis litteratur och källor) – alla hamnar i bokstavsordning i referenslistan.
- Referenser i brödtexten anges i bokstavsordning efter författarens efternamn.
- Om samma författare skrivit flera verk samma år, används bokstäverna a,b,c för att särskilja dem, i alfabetisk ordning efter titeln på verket. Exempelvis (Karlsson 2000a; Karlsson 2000b). Bokstaven ska också användas i referenslistan så att det

går att hitta referensen där.

- Listan i slutet av texten där samtliga referenser återfinns benämns i APA-stilen som "Referenser" (en. "References").
- Datum för när en digital källa har senast har besökt anges inte enligt APA-manualen. Det är naturligtvis möjligt att lägga till sådan information, då efter själva referensens url: https://xxx [2021-03-15].

Exempel

Referens i brödtext:
Kritik har framförts mot att påståendet att alla svanar är vita (Keller, 2000, s. 120). Emellertid påpekar Berntsson i sin studie (1996, s. 50–55) att det finns svarta svanar i Londons parker.
I listan med referenser:
Berntsson, P.A. (1996). *En studie av Londons svanar.* Oxford: Oxford University Press.
Keller, M. (2000). Är svanar vita: En meta-studie. *Journal of Swan Studies, 82*(1), 100–132.

Fotnotsreferenser

Oxford-stilen

Detta är det äldsta referenssystemet och har sitt ursprung dels i University of Oxford, Storbritannien, dels hos det välrenommerade universitetsförlaget Oxford University Press. Oxford-systemet används vanligen inom humaniora (litteraturvetenskap, historievetenskap, religionsvetenskap och filosofi), samt ekonomi och juridik. Det finns ingen normerande bok eller webbplats för denna stil, men boken *New Oxford Style Manual* kan ses som starkt rekommenderande. I skrivande stund, 2021, är den tredje utgåvan från 2016 den senaste. Stilen är väl etablerad och det finns åtskilliga webbplatser som ger exempel på Oxford-stilen. Sök antingen på engelska efter "oxford referencing" eller på svenska efter "oxford referenser".

Ett intryck som jag har fått under tiden sedan första publiceringen av Referensguiden, 2015, är att Oxford-stilen är på tillbakagång. Det märks bland annat i antalet webbplatser som har information om referenser till digitala media. Där finns ofta enbart generella riktlinjer för denna typ av hänvisningar medan de andra stilarna har detaljerade och specifika riktlinjer. Därmed inte sagt att Oxford-stilen inte längre fungerar, den är bara lite mer trubbig i dagens mer digitala värld. Dessutom har praktiken med en referenslista i slutet av dokumentet allt mer kommit att dominera vetenskapliga publiceringar, vilket går att göra med Oxford-stilen.

Några grundprinciper

Det som kännetecknar Oxford-stilen är att den använder sig av fotnoter. Första gången en referens görs till ett verk, anges en fullständig referens i fotnoten, därefter används endast en kort referens till verket. Dessutom anges inte årtal i början av referensen, utan korta referenser anger istället författare och titel på verket. Mellan varje del i referensen används kommatecken som skiljetecken.

Viktiga generella principer:

- Mellan referenser inom parentes anges semikolon ;.
- Flera referenser i brödtexten anges kronologiskt, med den senaste publikationen först.
- Listan i slutet av texten där samtliga referenser återfinns benämns i Oxford-stilen som ”Käll- och litteraturförteckning” (en. ”Bibliography”).
- Åtskillnad mellan olika typer av referenser måste göras (som exempelvis litteratur och källor samt olika typer av källor).
- Käll- och litteraturförteckningen sorteras efter författarens *efternamn*, även om förnamnet står först.

Exempel

Referens i brödtext:
Kritik har framförts mot att påståendet att alla svanar är vita.[1] Emellertid påpekar Berntsson i sin studie att det finns svarta svanar i Londons parker.[2]
I fotnoter:

1. M. Keller, ”Är svanar vita: En meta-studie” *Journal of Swan Studies* 82/1 (2000), 120.
2. P.A. Berntsson, *En studie av Londons svanar* (Oxford: Oxford University Press, 1996), 50-55.

I listan med referenser:
Petra Anneli Berntsson, *En studie av Londons svanar* (Oxford: Oxford University Press, 1996).
Mary Keller, ”Är svanar vita: En meta-studie” *Journal of Swan Studies 82/1* (2000), 100–132.

Chigago-stilen (varianten fotnoter-referenslista)

Har sitt ursprung i Oxford-stilen, men är en något förenklad och moderniserad variant. Den utvecklades vid University of Chicago och University of Chicago Press. Stilen finns i två varianter: en med fotnoter och en med parenteser. Fotnotsvarianten av Chicago-stilen används vanligen inom humaniora som ett alternativ till Oxford-stilen (historievetenskap, religionsvetenskap och filosofi), samt ekonomi och juridik. Normerande för denna stil är boken *The Chicago Manual of Style*. I skrivande stund, 2021, är den 17:e utgåvan från 2017 den senaste. Det finns även en officiell engelsk webbplats för Chicago-stilarna: https://www.chicagomanualofstyle.org

Några grundprinciper

Stilen liknar Oxford-stilen med sitt bruk av fotnoter, men har punkt som skiljetecken i referenslistan. Om det finns en referenslista i slutet av texten, anges i övriga texten enbart korta referenser med författare, kort titel och sida.
Viktiga generella principer:

- Mellan referenser inom parentes anges semikolon ;.
- Flera referenser i brödtexten anges kronologiskt, med den senaste publikationen först.
- Listan i slutet av texten där samtliga referenser återfinns benämns vanligen i Chicago-stilen som ”Referenslista”.
- Åtskillnad mellan olika typer av referenser kan göras (som exempelvis litteratur och källor samt olika typer av källor).
- Datum för när en digital källa har senast har besökt anges inte enligt Chicago-manualen. Det är naturligtvis möjligt att lägga till sådan information, då efter själva referensens url: https://xxx [2021-03-15].

Exempel

Referens i brödtext:
Kritik har framförts mot att påståendet att alla svanar är vita.[1] Emellertid påpekar Berntsson i sin studie att det finns svarta svanar i Londons parker.[2]
I fotnoter:

1. Keller, ”Är svanar vita”, 120.
2. Berntsson, *En studie av Londons svanar*, 50-55

I listan med referenser:

Berntsson, Petra Anneli. *En studie av Londons svanar.* Oxford: Oxford University Press, 1996.

Keller, Mary. "Är svanar vita: En meta-studie". *Journal of Swan Studies* 82, nr 1 (2000): 100–132.

En eller två författare? Generella principer för vem som har författat en källa

I detta avsnitt finns exempel på en, två eller fler författare, samt till anonyma författare och myndigheter/organisationer som författare. Referenser till dessa olika författarskap ser likadana ut oberoende om det handlar om en bok, artikel eller kapitel eller andra publikationer. Vill du veta hur du skriver en referens till en artikel som har flera författare, letar du således under detta avsnitt för antal författare, och därefter under avsnittet för artiklar.

En författare

Grundinformation

Vem? Författare: Mats Övidsson

Vad? Bokens titel: Observationer och iakttagelser. Bokens undertitel: Perspektiv på svenskt skolväsende

När? Publiceringsår: 2021

Var? Förlag: Conditus förlag. Förlagsort: Stockholm

Hur? Bok

Exempel på exakt sidhänvisning: sidorna 10–12

	HARVARD	**APA**	**Oxford**	**Chicago**
I texten	Alt a: (Övidsson 2021:10–12) Alt b: Övidsson (2021:10–12)	Alt. a: (Övidsson, 2021, s. 10–12) Alt. b: Övidsson (2021, s. 10–12)	1 {fotnot}	1 {fotnot}
I fotnot			Första gången: M. Övidsson, *Observationer och iakttagelser: Perspektiv på svenskt skolväsende* (Stockholm: Conditus förlag, 2021), 10–12. Andra gången: Övidsson, *Observationer och iakttagelser*, 10–12.	Övidsson, *Observationer och iakttagelser*, 10–12.
I referenslistan	Övidsson, Mats, 2021. *Observationer och iakttagelser: Perspektiv på svenskt skolväsende.* Stockholm: Conditus förlag.	Övidsson, M. (2021). *Observationer och iakttagelser: Perspektiv på svenskt skolväsende.* Stockholm: Conditus förlag.	Mats Övidsson, *Observationer och iakttagelser: Perspektiv på svenskt skolväsende* (Stockholm: Conditus förlag, 2021).	Övidsson, Mats. *Observationer och iakttagelser: Perspektiv på svenskt skolväsende.* Stockholm: Conditus förlag, 2021.

Två författare

Grundinformation

Vem? Författare 1: Mats Övidsson. Författare 2: Birgitta Birgersdotter

Vad? Bokens titel: Observationer och iakttagelser. Bokens undertitel: Perspektiv på svenskt skolväsende

När? Publiceringsår: 2021

Var? Förlag: Conditus förlag. Förlagsort: Stockholm

Hur? Bok

Exempel på exakt sidhänvisning: sidorna 10–12

	HARVARD	**APA**	**Oxford**	**Chicago**
I texten	Alt. a: (Övidsson & Birgersdotter 2021:10–12) Alt. b: Övidsson och Birgersdotter (2021:10–12)	Alt. a: (Övidsson & Birgersdotter, 2021, s. 10–12) Alt. b: Övidsson och Birgersdotter (2021, s. 10–12)	1 {fotnot}	1 {fotnot}
I fotnot			Första gången: M. Övidsson och B. Birgersdotter, *Observationer och iakttagelser: Perspektiv på svenskt skolväsende* (Stockholm: Conditus förlag, 2021), 10–12. Andra gången: Övidsson och Birgersdotter, *Observationer och iakttagelser*, 10–12.	Övidsson och Birgersdotter, *Observationer och iakttagelser*, 10–12.
I referenslistan	Övidsson, Mats., och Birgitta Birgersdotter, 2021. *Observationer och iakttagelser: Perspektiv på svenskt skolväsende*. Stockholm: Conditus förlag.	Övidsson, M., & Birgersdotter, B. (2021). *Observationer och iakttagelser: Perspektiv på svenskt skolväsende*. Stockholm: Conditus förlag.	Mats Övidsson och Birgitta Birgersdotter, *Observationer och iakttagelser: Perspektiv på svenskt skolväsende* (Stockholm: Conditus förlag, 2021).	Övidsson, Mats och Birgitta Birgersdotter. *Observationer och iakttagelser: Perspektiv på svenskt skolväsende*. Stockholm: Conditus förlag, 2021.

Tre eller fler författare

* I engelska texter brukar den latinska förkortningen "et al." för fler än två författare. I svenska texter är det lämpligt att använda den gängse svenska formen "m.fl."

Grundinformation

Vem? Författare 1: Mats Övidsson. Författare 2: Birgitta Birgersdotter. Författare 3: Nils Hermansson

Vad? Bokens titel: Observationer och iakttagelser. Bokens undertitel: Perspektiv på svenskt skolväsende

När? Publiceringsår: 2021

Var? Förlag: Conditus förlag. Förlagsort: Stockholm

Hur? Bok

Exempel på exakt sidhänvisning: sidan 10–12

	HARVARD	**APA**	**Oxford**	**Chicago**
I texten	Alt. a: (Övidsson m.fl. 2021:10–12) Alt. b: Övidsson m.fl. (2021:10–12)	Alt. a: (Övidsson, m.fl., 2021, s. 10–12) Alt. b: Övidsson m.fl. (2021, s. 10–12)	1 {fotnot}	1 {fotnot}
I fotnot			Första gången: M. Övidsson m.fl., *Observationer och iakttagelser: Perspektiv på svenskt skolväsende* (Stockholm: Conditus förlag, 2021), 10–12. Andra gången: Övidsson m.fl., *Observationer och iakttagelser*, 10–12.	Övidsson m.fl., *Observationer och iakttagelser*, 10–12.
I referenslistan	Övidsson, Mats, Birgitta Birgersdotter och Nils Hermansson, 2021. *Observationer och iakttagelser: Perspektiv på svenskt skolväsende*. Stockholm: Conditus förlag.	Övidsson, M., Birgersdotter, B., & Hermansson, N. (2021). *Observationer och iakttagelser: Perspektiv på svenskt skolväsende*. Stockholm: Conditus förlag.	Mats Övidsson, Birgitta Birgersdotter och Nils Hermansson, *Observationer och iakttagelser: Perspektiv på svenskt skolväsende* (Stockholm: Conditus förlag, 2021).	Övidsson, Mats, Birgitta Birgersdotter och Nils Hermansson. *Observationer och iakttagelser: Perspektiv på svenskt skolväsende*. Stockholm: Conditus förlag, 2021.

En redaktör

Grundinformation

Vem? Redaktör: Mats Övidsson

Vad? Bokens titel: Observationer och iakttagelser. Bokens undertitel: Perspektiv på svenskt skolväsende

När? Publiceringsår: 2021

Var? Förlag: Conditus förlag. Förlagsort: Stockholm

Hur? Antologi

Exempel på exakt sidhänvisning: sidorna 10–12

	HARVARD	**APA**	**Oxford**	**Chicago**
I texten	Alt. a: (Övidsson 2021:10–12) Alt. b: Övidsson (2021:10–12)	Alt. a: (Övidsson, 2021, s. 10–12) Alt. b: Övidsson (2021, s. 10–12)	1 {fotnot}	1 {fotnot}
I fotnot			Första gången: M. Övidsson red., *Observationer och iakttagelser: Perspektiv på svenskt skolväsende* (Stockholm: Conditus förlag, 2021), 10–12. Andra gången: Övidsson red., *Observationer och iakttagelser*, 10–12.	Övidsson, *Observationer och iakttagelser*, 10–12.
I referenslistan	Övidsson, Mats red., 2021. *Observationer och iakttagelser: Perspektiv på svenskt skolväsende.* Stockholm: Conditus förlag.	Övidsson, M. (Red.). (2021). *Observationer och iakttagelser: Perspektiv på svenskt skolväsende.* Stockholm: Conditus förlag.	Mats Övidsson red., *Observationer och iakttagelser: Perspektiv på svenskt skolväsende* (Stockholm: Conditus förlag, 2021).	Övidsson, Mats, red. *Observationer och iakttagelser: Perspektiv på svenskt skolväsende.* Stockholm: Conditus förlag, 2021.

Två redaktörer

Grundinformation

Vem? Redaktör 1: Mats Övidsson. Redaktör 2: Birgitta Birgersdotter.

Vad? Bokens titel: Observationer och iakttagelser. Bokens undertitel: Perspektiv på svenskt skolväsende

När? Publiceringsår: 2021

Var? Förlag: Conditus förlag. Förlagsort: Stockholm

Hur? Antologi

Exempel på exakt sidhänvisning: sidorna 10–12

	HARVARD	**APA**	**Oxford**	**Chicago**
I texten	Alt. a: (Övidsson & Birgersdotter 2021:10–12) Alt. b: Övidsson och Birgersdotter (2021:10–12)	Alt. a: (Övidsson & Birgersdotter, 2021, s. 10–12) Alt. b: Övidsson och Birgersdotter (2021, s. 10–12)	1 {fotnot}	1 {fotnot}
I fotnot			Första gången: M. Övidsson och Birgitta Birgersdotter red., *Observationer och iakttagelser: Perspektiv på svenskt skolväsende* (Stockholm: Conditus förlag, 2021), 10–12. Andra gången: Övidsson och Birgersdotter red., *Observationer och iakttagelser*, 10–12.	Övidsson och Birgersdotter, *Observationer och iakttagelser*, 10–12.
I referenslistan	Övidsson, Mats och Birgitta. Birgersdotter red., 2021. *Observationer och iakttagelser: Perspektiv på svenskt skolväsende*. Stockholm: Conditus förlag.	Övidsson, M., & Birgersdotter, B. (Red.). (2021). *Observationer och iakttagelser: Perspektiv på svenskt skolväsende*. Stockholm: Conditus förlag.	M. Övidsson och B. Birgersdotter red., *Observationer och iakttagelser: Perspektiv på svenskt skolväsende* (Stockholm: Conditus förlag, 2021).	Övidsson, Mats och Birgitta Birgersdotter, red. *Observationer och iakttagelser: Perspektiv på svenskt skolväsende*. Stockholm: Conditus förlag, 2021.

Tre eller fler redaktörer

* I engelska texter brukar den latinska förkortningen "et al." för fler än två författare. I svenska texter är det lämpligt att använda den gängse svenska formen "m.fl."

Grundinformation

Vem? Redaktör 1: Mats Övidsson. Redaktör 2: Birgitta Birgersdotter. Redaktör 3: Nils Hermansson

Vad? Bokens titel: Observationer och iakttagelser. Bokens undertitel: Perspektiv på svenskt skolväsende

När? Publiceringsår: 2021

Var? Förlag: Conditus förlag. Förlagsort: Stockholm

Hur? Antologi

Exempel på exakt sidhänvisning: sidorna 10–12

	HARVARD	**APA**	**Oxford**	**Chicago**
I texten	Alt. a: (Övidsson m.fl. 2021:10–12) Alt b: Övidsson m.fl. (2021:10–12)	Alt. a: (Övidsson m.fl., 2021, s. 10–12) Alt. b: Övidsson m.fl. (2021, s. 10–12)	1 {fotnot}	1 {fotnot}
I fotnot			Första gången: M. Övidsson, B. Birgersdotter och N. Hermansson red., *Observationer och iakttagelser: Perspektiv på svenskt skolväsende* (Stockholm: Conditus förlag, 2021), 10–12. Andra gången: Övidsson m.fl. red., *Observationer och iakttagelser,* 10–12.	Övidsson m.fl., *Observationer och iakttagelser*, 10–12.
I referenslistan	Övidsson, Mats, Birgitta Birgersdotter och Nils Hermansson red., 2021. *Observationer och iakttagelser: Perspektiv på svenskt skolväsende.* Stockholm: Conditus förlag.	Övidsson, M., Birgersdotter, B., & Hermansson, N. (Red.). (2021). *Observationer och iakttagelser: Perspektiv på svenskt skolväsende*. Stockholm: Conditus förlag.	Mats Övidsson, Birgitta Birgersdotter och Nils Hermansson red., *Observationer och iakttagelser: Perspektiv på svenskt skolväsende* (Stockholm: Conditus förlag, 2021).	Övidsson, Mats, Birgitta Birgersdotter och Nils Hermansson, red. *Observationer och iakttagelser: Perspektiv på svenskt skolväsende*. Stockholm: Conditus förlag, 2021.

Anonym författare

* Var alltid tveksam till att referera till texter skrivna av anonyma författare.

Grundinformation

Vem? Okänt

Vad? Bokens titel: Observationer och iakttagelser. Bokens undertitel: Perspektiv på svenskt skolväsende

När? Publiceringsår: 2021

Var? Förlag: Conditus förlag. Förlagsort: Stockholm

Hur? Bok

Exempel på exakt sidhänvisning: sidorna 10–12

	HARVARD	**APA**	**Oxford**	**Chicago**
I texten	Alt. 1a: (Anon. 2021:10–12), eller Alt. 2a: (*Observationer och iakttagelser* 2021:10–12) Alt 1b: --- Alt 2b: *Observationer och iakttagelser* (2021: 10–12)	Alt a: ("Observationer och iakttagelser", 2021, s. 10–12) Alt. b: *Observationer och iakttagelser* (2021, s. 10–12)	1 {fotnot}	1 {fotnot}
I fotnot			Första gången: *Observationer och iakttagelser: Perspektiv på svenskt skolväsende* (Stockholm: Conditus förlag, 2021), 10–12. Andra gången: *Observationer och iakttagelser*, 10–12.	*Observationer och iakttagelser*, 10–12.
I referenslistan	Alt 1: Anonym, 2021. *Observationer och iakttagelser: Perspektiv på svenskt skolväsende.* Stockholm: Conditus förlag. Alt 2: *Observationer och iakttagelser: Perspektiv på svenskt skolväsende.* 2021. Stockholm: Conditus förlag.	*Observationer och iakttagelser: Perspektiv på svenskt skolväsende.* (2021). Stockholm: Conditus förlag.	*Observationer och iakttagelser: Perspektiv på svenskt skolväsende* (Stockholm: Conditus förlag, 2021).	*Observationer och iakttagelser: Perspektiv på svenskt skolväsende.* Stockholm: Conditus förlag, 2021.

Myndighet/organisation som författare

Grundinformation

Vem? Myndighet/organisation: Skolverket
Vad? Bokens titel: Observationer och iakttagelser. Bokens undertitel: Perspektiv på svenskt skolväsende.
När? Publiceringsår: 2021.
Var? Förlag: Conditus förlag. Förlagsort: Stockholm
Hur? Rapport
Exempel på exakt sidhänvisning: sidorna 10–12

	HARVARD	**APA**	**Oxford**	**Chicago**
I texten	Alt a: (Skolverket 2021:10–12) Alt b: Skolverket (2021:10–12)	Alt. a: (Skolverket, 2021, s. 10–12) Alt. b: Skolverket (2021, s. 12)	1 {fotnot}	1 {fotnot}
I fotnot			Första gången: Skolverket, *Observationer och iakttagelser: Perspektiv på svenskt skolväsende* (Stockholm: Conditus förlag, 2021), 10–12. Andra gången: Skolverket, *Observationer och iakttagelser*, 10–12.	Skolverket, *Observationer och iakttagelser*, 10–12.
I referenslistan	Skolverket, 2021. *Observationer och iakttagelser: Perspektiv på svenskt skolväsende*. Stockholm: Conditus förlag.	Skolverket (2021). *Observationer och iakttagelser: Perspektiv på svenskt skolväsende*. Stockholm: Conditus förlag.	Skolverket, *Observationer och iakttagelser: Perspektiv på svenskt skolväsende* (Stockholm: Conditus förlag, 2021).	Skolverket, *Observationer och iakttagelser: Perspektiv på svenskt skolväsende*. Stockholm: Conditus förlag, 2021.

Sekundärhänvisning (citerat i annat verk)

* Det finns en stor risk med att använda sekundärkällor: Det är inte säkert att sekundärkällan citerat originalet rätt eller förstått originalet rätt. Ett känt sådant exempel är påståendet att utbildningsfilosofen John Dewey (1859–1952) ska ha sagt ”learning by doing”. Det har han aldrig, men citeras ofta som om han sagt det. Eftersom få kontrollerar ursprungskällan, fortsätter detta felcitat att spridas.
* Använd detta enbart om du verkligen inte kan få tillgång till originalet.

Grundinformation, författare X (den källa du har läst)

Vem? Författare: Mats Övidsson

Vad? Bokens titel: Observationer och iakttagelser. Bokens undertitel: Perspektiv på svenskt skolväsende

När? Publiceringsår: 2021

Var? Förlag: Conditus förlag. Förlagsort: Stockholm

Hur? Bok

Exempel på exakt sidhänvisning: sidorna 10–12

Grundinformation, författare Y (citeras av författare X)

Vem? Författare: Birgitta Birgersdotter

Vad? Bokens titel: Mina år som skollärare

När? Publiceringsår: 2010

Var? Förlag: Subito förlag. Förlagsort: Uppsala

Hur? Bok

Exempel på exakt sidhänvisning: sidorna 25–30

	HARVARD	APA	Oxford	Chicago
I texten	Alt. a: Birgersdotter (2010, citerat i Övidsson 2021:10–12) Alt. b: Övidsson (2021:10–12)	Alt. a: Birgersdotter (citerat i Övidsson, 2021, s. 10–12) Alt. b: - - -	1 {fotnot}	1 {fotnot}
I fotnot			Första gången: B. Birgersdotter, *Mina år som skollärare* (Uppsala: Subito förlag, 2010), 25-30, citerat i M. Övidsson, *Observationer och iakttagelser: Perspektiv på svenskt skolväsende* (Stockholm: Conditus förlag, 2021), 10–12. Andra gången: Birgersdotter, *Mina år som skollärare*, 25–30, citerat i Övidsson, *Observationer och iakttagelser*, 10–12.	Birgersdotter, *Mina år som skollärare*, 25-30. Citerad i Övidsson, *Observationer och iakttagelser*, 10–12.
I referenslistan	Övidsson, Mats, 2021. *Observationer och iakttagelser: Perspektiv på svenskt skolväsende.* Stockholm: Conditus förlag.	Övidsson, M. (2021). *Observationer och iakttagelser: Perspektiv på svenskt skolväsende.* Stockholm: Conditus förlag.	Birgitta Birgersdotter, *Mina år som skollärare* (Uppsala: Subito förlag, 2010) Mats Övidsson, *Observationer och iakttagelser: Perspektiv på svenskt skolväsende* (Stockholm: Conditus förlag, 2021).	Birgersdotter, Birgitta. *Mina år som skollärare.* Uppsala: Subito förlag, 2010. Övidsson, Mats. *Observationer och iakttagelser: Perspektiv på svenskt skolväsende.* Stockholm: Conditus förlag, 2021.

Olika typer av digitala referenser

Några grundprinciper för digitala referenser

Emojis och alfabet

I digital kommunikation förekommer ofta emoijs, smileys och taggar. Dessa ska betraktas som del av texten och därför användas i referenser. På samma sätt ska tecken från andra språk än det svenska helst användas i en referens om det förekommer, men då gärna med transkribering efteråt inom [hakparentes]. Det gäller framför allt för språk med andra alfabet än det latinska som används i svenska. Använd etablerade former för transkribering.

Längd på en text som rubrik

Många gånger är text och rubrik samma sak i en digital text. Det gäller exempelvis ett twitter-meddelande. Det behövs därför någon form av princip för att korta ner en rubrik så att den funkar som referens. APA-manualen anger att de första 20 orden är maximalt antal ord för en referens, medan Chicago-manualen anger de första 160 tecknen. Någonstans däremellan kan vara rimligt att tänka för en referens för att underlätta korta referenser.

Säkra en digital referens

Kännetecknande för digitala referenser är att de är lättillgängliga men ofta tillfälliga eller föränderliga. En klok lösning för att säkra en källa är att så ofta som möjligt ladda ner eller göra en skärmdump (en. Screen capture) på källan. Emellertid är inte alltid detta lagligt på grund av rättighetsskäl. Det är heller inte alltid tekniskt möjligt att spara ner något som exempelvis bara finns vid ett visst tillfälle såsom en strömmad live-föreläsning. Samtidigt behövs referenser i en digital värld kanske än mer än för fysiska verk. Det är aldrig godtagbart att hävda att man har läst något på nätet och sedan inte har en korrekt källhänvisning till exakt vad som stod där. Det är grundläggande för all vetenskap att i så stor mån som möjligt vara öppen med vilka källor som används. En forskare måste alltid kunna gå in och granska källan till ett påstående - och det inte bara efter några minuter utan förhoppningsvis även efter flera års tid. Med fysiska källor är det enklare. För digitala källor är det krångligt för att inte säga näst intill omöjligt. Så hur kan man göra?

Här följer några råd för att säkra digitala referenser

- Har källan försvunnit när innan du är klar med din publikation? Använd inte källan som referens. Försök att hitta en ny referens som fungerar.
- Finns en URL till källan? Tidskrifter har ofta permanenta länkar, det vill säga särskilt långvariga referenser. Den svenska publikationsdatabasen DiVa har alltid permanenta och unika länkar till varje post. Dessa hittar du under ”Länk till posten”. Använd helst sådana url-länkar om det finns. Ett exempel på en sådan url i Sverige är: https://urn.kb.se/resolve?urn=urn:nbb:se:zy:diva-123
- Finns en DOI (Digital object identifer)? Många tidskrifter anger en DOI för varje artikel. Denna referens är unik och permanent, exempelvis 10.1000/xyz123. Bruket av DOI-referenser har emellertid ändrats över tid. Numera anges en DOI-referens som en url enligt följande princip: https://doi.org/10.1000/xyz123
- Den exakta formen för publicering är ofta viktig vid digitala referenser i referensstilarna. Därför anges frågan ”Hur?” i denna bok vid digitala referenser. I de fysiska referenserna är formen lika viktig, men mer standardiserad. Därför anges inte hur-frågan där i boken, utan i rubriken för själva referensen.
- Försök att spara ner dokumentet till din dator – men enbart om det är lagligt.
- Gör en skärmdump (antingen genom att ta en bild av din skärm eller använda ett plugin i din webbläsare för att ta en bild av en hel webbsida).
- Om du använder en webbläsare, kopiera länken och skriv ner när du besökte sidan. I en pdf-utskrift av en webbsida syns detta automatiskt.
- Dela klippet med dig själv om det går. Många sociala medier har möjlighet att dela vidare. Där finns en länk som du kan spara i textformat. Notera vilket datum som du sparar länken. Gör även en skärmdump med rubrik mm.
- Många gånger återdelas sidor/filmklipp flera gånger. Försök att hitta den ursprungliga publiceringen och hänvisa till denna.
- Går det inte på något vis att spara ner en adress eller själva dokumentet försök istället att hitta informationen någon annan stans.

Digitala böcker:
E-bok

Grundinformation

Vem? Författare: Mats Övidsson

Vad? Bokens titel: Observationer och iakttagelser. Bokens undertitel: Perspektiv på svenskt skolväsende

När? Publiceringsår: 2021. Datum när filen senast laddades ner: 2021-03-15

Var? Förlag: Conditus förlag. Förlagsort: Stockholm

Hur? E-boktjänst: E-Book Library

Exempel på exakt sidhänvisning: sidorna 10–12

	HARVARD	**APA**	**Oxford**	**Chicago**
I texten	Alt. a: (Övidsson 2021:10–12) Alt. b: Övidsson (2021:10–12)	Alt. a: (Övidsson, 2021, s. 10–12) Alt. b: Övidsson (2021, s. 10–12)	1 {fotnot}	1 {fotnot}
I fotnot			Första gången: Mats Övidsson, *Observationer och iakttagelser: Perspektiv på svenskt skolväsende* (Stockholm: Conditus förlag, 2021), (tillgänglig som e-bok på E-Book Library), hämtad 2021-03-15, 10–12. Andra gången: *Observationer och iakttagelser*, 10–12.	Övidsson, *Observationer och iakttagelser*, 10–12.
I referenslistan	Övidsson, Mats, 2021. *Observationer och iakttagelser: Perspektiv på svenskt skolväsende.* [E-bok]. Stockholm: Conditus förlag. E-Book Library.	Övidsson, M. (2021). *Observationer och iakttagelser: Perspektiv på svenskt skolväsende* [E-bok]. Stockholm: Conditus förlag.	Mats Övidsson, *Observationer och iakttagelser: Perspektiv på svenskt skolväsende* (Stockholm: Conditus förlag, 2021), (tillgänglig som e-bok på E-Book Library), besökt 2021-03-15.	Övidsson, Mats. *Observationer och iakttagelser: Perspektiv på svenskt skolväsende.* Stockholm: Conditus förlag, 2021. E-Book Library.

Digitala böcker: PDF-bok med angivet förlag

Grundinformation

Vem? Författare: Mats Övidsson

Vad? Bokens titel: Observationer och iakttagelser. Bokens undertitel: Perspektiv på svenskt skolväsende

När? Publiceringsår: 2021. Senaste datum då texten laddades ner: 2021-03-15

Var? Förlag: Conditus förlag. Förlagsort: Stockholm

Hur? PDF. URL: https://www.mhs/pdf/bok123.pdf

Exempel på exakt sidhänvisning: sidorna 10–12

	HARVARD	APA	Oxford	Chicago
I texten	Alt. a: (Övidsson 2021:10–12) Alt. b: Övidsson (2021:10–12)	Alt. a: (Övidsson, 2021, s. 10–12) Alt. b: Övidsson (2021, s. 10–12)	1 {fotnot}	1 {fotnot}
I fotnot			Första gången: M. Övidsson, *Observationer och iakttagelser: Perspektiv på svenskt skolväsende* (Stockholm: Conditus förlag, 2021) https://www.mhs/pdf/art123.pdf, hämtad 2021-03-15, 10–12. Andra gången: Övidsson, *Observationer och iakttagelser*, 10–12.	Övidsson, *Observationer och iakttagelser*, 10–12.
I referenslistan	Övidsson, Mats, 2021. *Observationer och iakttagelser: Perspektiv på svenskt skolväsende* [PDF]. Stockholm: Conditus förlag. https://www.mhs/pdf/art123.pdf	Övidsson, M. (2021). *Observationer och iakttagelser: Perspektiv på svenskt skolväsende* [PDF]. Stockholm: Conditus förlag. https://www.mhs/pdf/art123.pdf	Mats Övidsson, *Observationer och iakttagelser: Perspektiv på svenskt skolväsende* (Stockholm: Conditus förlag, 2021), https://www.mhs/pdf/art123.pdf, besökt 2021-03-15.	Övidsson, Mats. *Observationer och iakttagelser: Perspektiv på svenskt skolväsende*. Stockholm: Conditus förlag, 2021. https://www.mhs/pdf/art123.pdf

Digitala böcker: PDF-bok utan angivet förlag

Grundinformation

Vem? Författare: Mats Övidsson

Vad? Bokens titel: Observationer och iakttagelser. Bokens undertitel: Perspektiv på svenskt skolväsende

När? Publiceringsår: 2021. Senaste datum då texten laddades ner: 2021-03-15

Hur? PDF. URL: https://www.mhs/pdf/bok123.pdf

Exempel på exakt sidhänvisning: sidorna 10–12

	HARVARD	**APA**	**Oxford**	**Chicago**
I texten	Alt. a: (Övidsson 2021:10–12) Alt. b: Övidsson (2021:10–12)	Alt. a: (Övidsson, 2021, s. 10–12) Alt. b: Övidsson (2021, s. 10–12)	1 {fotnot}	1 {fotnot}
I fotnot			Första gången: M. Övidsson, *Observationer och iakttagelser: Perspektiv på svenskt skolväsende* (2021) https://www.mhs/pdf/art123.pdf, hämtad 2021-03-15, 10–12. Andra gången: Övidsson, *Observationer och iakttagelser*, 10–12.	Övidsson, *Observationer och iakttagelser*, 10–12.
I referenslistan	Övidsson, Mats, 2021. *Observationer och iakttagelser: Perspektiv på svenskt skolväsende.* [PDF]. https://www.mhs/pdf/art123.pdf	Övidsson, M. (2021). *Observationer och iakttagelser: Perspektiv på svenskt skolväsende* [PDF]. https://www.mhs/pdf/art123.pdf	Mats Övidsson, *Observationer och iakttagelser: Perspektiv på svenskt skolväsende* (2021) https://www.mhs/pdf/art123.pdf, besökt 2021-03-15.	Övidsson, Mats. *Observationer och iakttagelser: Perspektiv på svenskt skolväsende.* 2021. https://www.mhs/pdf/art123.pdf

Digitala böcker:
PDF-bok utan angivet förlag och årtal

* Var alltid tveksam till att referera till texter utan angivet publiceringsår.

Grundinformation

Vem? Författare: Mats Övidsson

Vad? Bokens titel: Observationer och iakttagelser. Bokens undertitel: Perspektiv på svenskt skolväsende

När? Ungefärlig gissning av år då texten publicerades: 2010-talet. Senaste datum då texten laddades ner: 2021-03-15

Hur? PDF. URL: https://www.mhs/pdf/bok123.pdf

Exempel på exakt sidhänvisning: sidorna 10–12

Särskild information:

* Harvard: Ange ”2021?” för troligt år, ”201-” för säkert decennium men osäkert år, ”201”? för osäkert decennium, ”c. 2021” för ungefärligt år.
* APA: Ange ”u.å.” = utan årtal (en. ”n.d” = no date).

	HARVARD	**APA**	**Oxford**	**Chicago**
I texten	Alt. a: (Övidsson 201-:10–12) Alt. b: Övidsson (201-:10–12)	Alt. a: (Övidsson, u.å, s. 10–12) Alt. b: Övidsson (u.å., s. 10–12)	1 {fotnot}	1 {fotnot}
I fotnot			Första gången: M. Övidsson, *Observationer och iakttagelser: Perspektiv på svenskt skolväsende* https://www.mhs/pdf/art123.pdf, besökt 2021-03-15, 10–12. Andra gången: Övidsson, *Observationer och iakttagelser*, 10–12.	Övidsson, *Observationer och iakttagelser*, 10–12.
I referenslistan	Övidsson, Mats, 201-. *Observationer och iakttagelser: Perspektiv på svenskt skolväsende.* [PDF]. https://www.mhs/pdf/art123.pdf	Övidsson, M. (u.å.). *Observationer och iakttagelser: Perspektiv på svenskt skolväsende* [PDF]. https://www.mhs/pdf/art123.pdf	Mats Övidsson, *Observationer och iakttagelser: Perspektiv på svenskt skolväsende* https://www.mhs/pdf/art123.pdf, besökt 2021-03-15.	Övidsson, Mats. *Observationer och iakttagelser: Perspektiv på svenskt skolväsende*. https://www.mhs/pdf/art123.pdf

Avhandling

Grundinformation

Vem? Författare: Mats Övidsson

Vad? Avhandlingens titel: Observationer och iakttagelser. Bokens undertitel: Perspektiv på svenskt skolväsende

När? Publiceringsår: 2021. Datum som den digitala texten senast besökts: 2021-03-15

Var? Lärosäte: Materialhögskolan. Institution/sektion: Institutionen för fajansstudier. Ort: Valla. Serie: Acta Conditus Scriptura. Nummer i serien: 12

Var? Tillgänglig online: https://www.mhs/avh/observ2021

Exempel på exakt sidhänvisning: sidorna 10–12

	HARVARD	**APA**	**Oxford**	**Chicago**
I texten	Alt. a: (Övidsson 2021:10–12) Alt. b: Övidsson (2021:10–12)	Alt. a: (Övidsson, 2021, s. 10–12) Alt. b: Övidsson (2021, s. 10–12)	1 {fotnot}	1 {fotnot}
I fotnot			Första gången: M. Övidsson, *Observationer och iakttagelser: Perspektiv på svenskt skolväsende* (diss., Acta Conditus Scriptura, 12, Valla: Institutionen för fajansstudier; Materialhögskolan, 2021) https://www.mhs/avh/observ2021, hämtad 2021-03-15, 10–12. Andra gången: Övidsson, *Observationer och iakttagelser,* 10–12.	Övidsson, *Observationer och iakttagelser,* 10–12.
I referenslistan	Övidsson, Mats, 2021. *Observationer och iakttagelser: Perspektiv på svenskt skolväsende.* [Avhandling]. Materialhögskolan. Acta Conditus Scriptura, 12. Valla: Institutionen för fajansstudier, Materialhögskolan, https://www.mhs/avh/observ2021	Övidsson, M. (2021). *Observationer och iakttagelser: Perspektiv på svenskt skolväsende* [Avhandling, Materialhögskolan. Acta Conditus Scriptura, 12]. Valla: Institutionen för fajansstudier, Materialhögskolan. https://www.mhs/avh/observ2021	Mats Övidsson, *Observationer och iakttagelser: Perspektiv på svenskt skolväsende* (Diss., Acta Conditus Scriptura, 12, Valla: Institutionen för fajansstudier, Materialhögskolan, 2021) https://www.mhs/avh/observ2021, besökt 2021-03-15.	Övidsson, Mats. *Observationer och iakttagelser: Perspektiv på svenskt skolväsende* (avhandling, Materialhögskolan). Acta Conditus Scriptura, 12. Valla: Institutionen för fajansstudier, Materialhögskolan, 2021. https://www.mhs/avh/observ2021

Vetenskapliga artiklar (PDF)

* Finns DOI (Digital object identifier) ska denna användas och inte artikelns pdf-länk. Men saknas DOI, görs referensen till tidskriftens sida för artikeln, det vill säga inte till själva pdf-filen direkt.

Grundinformation

Vem? Artikelförfattare: Mats Övidsson

Vad? Artikelns titel: Observationer och iakttagelser

När? Publiceringsår: 2021. Senaste datum då artikeln laddades ner: 2021-03-15

Var? Tidskrift: Utbildning i Sverige. Volym: 82. Nummer: 4

Hur? PDF. DOI: https://doi.org/10.1000/xyz123

Exempel på exakt sidhänvisning: sidorna 10–12

	HARVARD	**APA**	**Oxford**	**Chicago**
I texten	Alt. a: (Övidsson 2021:10–12) Alt. b: Övidsson (2021:10–12)	Alt. a: (Övidsson, 2021, s. 10–12) Alt. b: Övidsson (2021, s. 10–12)	1 {fotnot}	1 {fotnot}
I fotnot			Första gången: M. Övidsson, ”Observationer och iakttagelser” *Utbildning i Sverige*, 82/4 (2021) https://www.tskr/art/art123.htm, hämtad 2021-03-15, 10–12. Andra gången: Övidsson, ”Observationer och iakttagelser”, 10–12.	Övidsson, ”Observationer och iakttagelser”, 10–12.
I referenslistan	Övidsson, Mats, 2021. Observationer och iakttagelser. *Utbildning i Sverige*, 82(6), 5-25. https://doi.org/10.1000/xyz123	Övidsson, M. (2021). Observationer och iakttagelser. *Utbildning i Sverige*, *82*(6), 5-25. https://doi.org/10.1000/xyz123	Mats Övidsson, ”Observationer och iakttagelser” *Utbildning i Sverige*, 82/4 (2021) https://www.tskr/art/art123.htm, besökt 2021-03-15, 5–25.	Övidsson, Mats. ”Observationer och iakttagelser”. *Utbildning i Sverige* 82, nr. 4 (2021): 5-25, https://www.tskr/art/art123.htm.

Vetenskapliga artiklar (webbsida)

* Finns DOI (Digital object identifier) ska denna användas och inte artikelns pdf-länk. Men saknas DOI, görs referensen till tidskriftens sida för artikeln, det vill säga inte till själva pdf-filen direkt.

Grundinformation

Vem? Artikelförfattare: Mats Övidsson

Vad? Artikelns titel: Observationer och iakttagelser

När? Publiceringsår: 2021. Senaste datum då artikeln laddades ner: 2021-03-15

Var? Tidskrift: Utbildning i Sverige. Volym: 82. Nummer: 4

Hur? Webbsida. Webbadress till tidskriftens sida för artikeln: https://www.tskr/art/art123.htm (DOI saknas i detta exempel)

	HARVARD	APA	Oxford	Chicago
I texten	Alt. a: (Övidsson 2021) Alt. b: Övidsson (2021)	Alt. a: (Övidsson, 2021) Alt. b: Övidsson (2021)	1 {fotnot}	1 {fotnot}
I fotnot			Första gången: M. Övidsson, ”Observationer och iakttagelser” *Utbildning i Sverige,* 82/4 (2021) https://www.tskr/art/art123.htm, besökt 2021-03-15. Andra gången: Övidsson, ”Observationer och iakttagelser”.	Övidsson, ”Observationer och iakttagelser”.
I referenslistan	Övidsson, Mats, 2021. Observationer och iakttagelser. *Utbildning i Sverige*, 82(6), 5-25. https://www.tskr/art/art123.htm	Övidsson, M. (2021). Observationer och iakttagelser. *Utbildning i Sverige, 82*(6), 5-25. https://www.tskr/art/art123.htm	Mats Övidsson, ”Observationer och iakttagelser” *Utbildning i Sverige*, 82/4 (2021) https://www.tskr/art/art123.htm, besökt 2021-03-15.	Övidsson, Mats. ”Observationer och iakttagelser”. *Utbildning i Sverige* 82, nr. 4 (2021). https://www.tskr/art/art123.htm.

Tidskrift & dagstidning

Grundinformation

Vem? Artikelförfattare: Mats Övidsson

Vad? Artikelns titel: Observationer och iakttagelser

När? Publiceringsdatum: 2021-02-24. Senaste datum då texten laddades ner: 2021-03-15

Var? Dagstidning: Halmstadstidningen. Sektion i dagstidningen: Opinion

Hur? Webbsida. Webbsida: https://hsttdn/tidn/art.htm

	HARVARD	**APA**	**Oxford**	**Chicago**
I texten	Alt. a: (Övidsson 2021:10–12) Alt. b: Övidsson (2021:10–12)	Alt. a: (Övidsson, 2021, s. 10–12) Alt. b: Övidsson (2021, s. 10–12)	1 {fotnot}	1 {fotnot}
I fotnot			Första gången: M. Övidsson, ”Observationer och iakttagelser”, *Hallandstidningen* [Dagstidning], 2021-02-24, Opinion, https://hsttdn/tidn/art123.htm, besökt 2021-03-15. Andra gången: Övidsson, ”Observationer och iakttagelser”.	Övidsson, ”Observationer och iakttagelser”.
I referenslistan	Övidsson, Mats, 2021. Observationer och iakttagelser [Dagstidning]. *Hallandstidningen*, 24 februari. https://hsttdn/tidn/art123.htm	Övidsson, M. (2021-02-24). Observationer och iakttagelser [Dagstidning]. *Hallandstidningen*. https://hsttdn/tidn/art123.htm	Mats Övidsson, ”Observationer och iakttagelser” *Hallandstidningen*, 2021-02-24, Opinion, https://hsttdn/tidn/art123.htm, besökt 2021-03-15.	Övidsson, Mats. ”Observationer och iakttagelser”. Opinion. *Hallandstidningen*, 2021-02-24, 10. https://hsttdn/tidn/art123.htm.

Webbsidor

* För olika varianter av författare, myndighet som författare, eller anonyma webbsidor, se dessa rubriker ovan.

Grundinformation
Vem? Författare: Mats Övidsson
Vad? Webbsidans titel: Observationer och iakttagelser
När? Publiceringsår: 2021 (om tillgängligt). Senaste datum då artikeln laddades ner: 2021-03-15
Var? Webbplatsens namn: Utbildning i Sverige.
Hur? Webbsida. URL: https://www.ubl/art/obs123.htm

	HARVARD	**APA**	**Oxford**	**Chicago**
I texten	Alt. a: (Övidsson 2021) Alt. b: Övidsson (2021)	Alt. a: (Övidsson, 2021) Alt. b: Övidsson (2021)	1 {fotnot}	1 {fotnot}
I fotnot			Första gången: M. Övidsson, ”Observationer och iakttagelser” *Utbildning i Sverige* [Webbsida], (2021) https://www.ubl/art/obs123.htm, hämtad 2021-03-15. Andra gången: Övidsson, ”Observationer och iakttagelser”.	Övidsson, ”Observationer och iakttagelser”.
I referenslistan	Övidsson, Mats, 2021. Observationer och iakttagelser [Webbsida]. *Utbildning i Sverige*. https://www.ubl/art/obs123.htm	Övidsson, M. (2021). Observationer och iakttagelser [Webbsida]. *Utbildning i Sverige*. https://www.ubl/art/obs123.htm	Mats Övidsson, ”Observationer och iakttagelser” *Utbildning i Sverige* [Webbsida], (2021) https://www.ubl/art/obs123.htm, besökt 2021-03-15.	Övidsson, Mats. ”Observationer och iakttagelser”. *Utbildning i Sverige*. https://www.ubl/art/obs123.htm.

Statens offentliga utredningar (SOU)

Grundinformation

Vem? Myndighet/organisation: Skolverket

Vad? Bokens titel: Observationer och iakttagelser. Bokens undertitel: Perspektiv på svenskt skolväsende. Rapportnummer: SOU 2021:12R

När? Publiceringsår: 2021. Rapporten laddades ner senast: 2021-03-15

Var? Förlag: Conditus förlag. Förlagsort: Stockholm. URL: https://xxxxx

Hur? PDF.

Exempel på exakt sidhänvisning: sidorna 10–12.

	HARVARD	**APA**	**Oxford**	**Chicago**
I texten	Alt. a: (SOU 2021:12R 2021:10–12) Alt. b: SOU 2021:12R (2021:10–12)	Alt. a: (SOU 2021:12R, 2021, s. 10–12) Alt. b: SOU 2021:12R (2021, s. 10–12)	1 {fotnot}	1 {fotnot}
I fotnot			Första gången: *Observationer och iakttagelser: Perspektiv på svenskt skolväsende* (Statens offentliga utredningar 2021:12R; Stockholm: Conditus förlag, 2021), https://xxxx, besökt 2021-03-15, 10–12. Andra gången: SOU 2021:12R, 10–12.	*SOU 2021:12R*, 10–12.
I referenslistan	SOU 2021:12R = *Observationer och iakttagelser: Perspektiv på svenskt skolväsende* (2021). [PDF]. Statens offentliga utredningar, 2021:12R. Stockholm: Conditus förlag. https://xxxx	SOU 2021:12R = *Observationer och iakttagelser: Perspektiv på svenskt skolväsende* (2021) [PDF]. Statens offentliga utredningar, 2021:12R. Stockholm: Conditus förlag. https://xxxx	*Observationer och iakttagelser: Perspektiv på svenskt skolväsende* (SOU 2021:12R; Stockholm: Conditus förlag, 2021), https://xxxx, besökt 2021-03-15.	SOU 2021:12R = *Observationer och iakttagelser: Perspektiv på svenskt skolväsende*. Statens offentliga utredningar, 2021:12R. Stockholm: Conditus förlag, 2021. https://xxxx

Rapporter

Grundinformation

Vem? Myndighet/organisation: Skolverket
Vad? Bokens titel: Observationer och iakttagelser. Bokens undertitel: Perspektiv på svenskt skolväsende. Rapportnummer: 2021:54
När? Publiceringsår: 2021. Rapporten laddades ner senast: 2021-03-15
Var? Förlag: Skolverket. Förlagsort: Stockholm. URL: https://xxxxx
Hur? PDF.
Exempel på exakt sidhänvisning: sidorna 10–12.

	HARVARD	**APA**	**Oxford**	**Chicago**
I texten	Alt. a: (Skolverket 2021:10–12) Alt. b: Skolverket (2021:10–12)	Alt. a: (Skolverket, 2021, s. 10–12) Alt. b: Skolverket (2021, s. 10–12)	1 {fotnot}	1 {fotnot}
I fotnot			Första gången: Skolverket, *Observationer och iakttagelser: Perspektiv på svenskt skolväsende* (2021:54; Stockholm: Skolverket, 2021), https://xxxx, besökt 2021-03-15, 10–12. Andra gången: Skolverket, *Observationer och iakttagelser*, 10–12.	Skolverket, *Observationer och iakttagelser*, 10–12.
I referenslistan	Skolverket, 2021. *Observationer och iakttagelser: Perspektiv på svenskt skolväsende*. 2021:45. [PDF]. Stockholm: Skolverket. https://xxxx	Skolverket (2021). *Observationer och iakttagelser: Perspektiv på svenskt skolväsende. 2021:54* [PDF]. Stockholm: Skolverket. https://xxxx	Skolverket, *Observationer och iakttagelser: Perspektiv på svenskt skolväsende* (2021:54; Stockholm: Skolverket, 2021), https://xxxx, besökt 2021-03-15.	Skolverket, *Observationer och iakttagelser: Perspektiv på svenskt skolväsende. 2021:12R*. Stockholm: Skolverket, 2021. https://xxxx

Lexikon online

* Denna typ av referens gäller enbart allmänna uppslagsord (UO) i lexikon, som exempelvis ”undervisning” i Nationalencyklopedin.
* Längre artiklar med angiven författare refereras till som vanlig artikel.
* Grundprincipen för hänvisningar till UO i ett lexikon är att dela upp lexikonet och uppslagsordet. Referensen i parentesen eller fotnoten går alltid direkt till lexikonet, med ett tillägg till uppslagsordet. I en referenslista hänvisas bara till lexikonet och inte till uppslagsordet.

Grundinformation

Vad? Lexikonets titel: Västsvenskt lexikon. Uppslagsord: observation

När? Senaste datum då texten laddades ner: 2021-03-15

Hur? Online-lexikon. Webbplats för lexikonet: https://vsvlex

	HARVARD	APA	Oxford	Chicago
I texten	Alt. a: (Västsvenskt lexikon 2021:10-12) Alt. b: Västsvenskt lexikon (2021:10-12)	Alt. a: (”Observation”, 2021) Alt. b: - - -	1 {fotnot}	1 {fotnot}
I fotnot			Första gången: *Västsvenskt lexikon* (Stockholm: Conditus förlag, 2021) [Online-lexikon] https://vsvlex besökt 2021-03-15, u.o. ”observation”. Andra gången: *Västsvenskt lexikon*, u.o. ”observation”.	*Västsvenskt lexikon*, u.o. ”observation”.
I referenslistan	*Västsvenskt lexikon*, 2021 [Online-lexikon]. Stockholm: Conditus. 24 februari, https://vsvlex	Observation. (2021). *Västsvenskt lexikon* [Online-lexikon]. Stockholm: Conditus förlag. https://vsvlex	*Västsvenskt lexikon* (Stockholm: Conditus förlag, 2021) [Online-lexikon] https://vsvlex besökt 2021-03-15.	*Västsvenskt lexikon*. Stockholm: Conditus förlag, 2021. https://vsvlex.

Lagar och propositioner

* Det är viktigt att hänvisa till korrekta publiceringar av lagtexter och propositioner då det tyvärr kan finnas falsk information på internet. För Sverige gäller följande: gör alltid din sökning efter dessa texter via Sveriges riksdags webbplats https://www.riksdagen.se, https://www.regeringen.se samt https://www.gov.se och hänvisa alltid till dokumentets officiella källa (anges på Riksdagens webbplats).
* En lag anges alltid först med vilket år som den infördes, därefter löpnummer när beslut fattades första gången om att införa lagen. Exempelvis 2021:5454.

Grundinformation

Vem? Utfärdare: Sveriges riksdag

Vad? Lag: Lag om halländsk utbildning.

När? När lagen infördes: 2021 (dvs årtalet före kolonet). Datum då webbsidan senast besöktes: 2021-03-15.

Var? Svensk författningssamling nr: 2021:5454. Paragraf: §14 (för flera paragrafer anges §§14-16). URL: http: https://rkrattsbaser.gov.se/sfst?bet=2021:54

	HARVARD	APA	Oxford	Chicago
I texten	Alt. a (*Lag om halländsk utbildning* 2021:5454, §14) Alt. b: Lag om halländsk utbildning (2021:5454, §14)	Alt. a (*Lag om halländsk utbildning*, 2021:5454, §14) Alt. b: Lag om halländsk utbildning (2021:5454, §14)	1 {fotnot}	1 {fotnot}
I fotnot			Första gången: *Lag om halländsk utbildning* (Svensk författningssamling 2021:5454, Sveriges riksdag), https://rkrattsbaser.gov.se/sfst?bet=2021:54, besökt 2021-03-15, §14. Andra gången: *Lag om halländsk utbildning*, §14.	Lag om halländsk utbildning 2021:5454, §14.
I referenslistan	*Lag om halländsk utbildning*, (2021:5454). Svensk författningssamling. Sveriges riksdag. https://rkrattsbaser.gov.se/sfst?bet=2021:54	*Lag om halländsk utbildning* (2021:5454). Svensk författningssamling. Sveriges riksdag. https://rkrattsbaser.gov.se/sfst?bet=2021:54	*Lag om halländsk utbildning* (SFS 2021:5454, Sveriges riksdag), https://rkrattsbaser.gov.se/sfst?bet=2021:54, besökt 2021-03-15.	Lag om halländsk utbildning. Svensk författningssamling 2021:5454. Sveriges riksdag (2021). https://rkrattsbaser.gov.se/sfst?bet=2021:54

Inlägg på Facebook, Tumblr, LinkedIn m.fl.

Grundinformation

Vem? Författare: Mats Övidsson

När? Publiceringsdatum: 2021-02-24. Datum för besök: 2021-03-15.

Vad? Typ av inlägg: Bild med text. Inläggets titel: Mörtar har fler ben än abborrar 😎 @fiskenytt #Fiskelycka #Fiskben

Var? URL (appens/webbsidans delade länk för inlägget): https://xxxxx

Hur? Publicering på Facebook

	HARVARD	APA	Oxford	Chicago
I texten	Alt a: (Övidsson 2021) Alt b: Övidsson (2021)	Alt. a: (Övidsson, 2021) Alt. b: Övidsson (2021)	1 {fotnot}	1 {fotnot}
I fotnot			Första gången: M. Övidsson, ”Mörtar har fler ben än abborrar 😎”, *Facebook*, 2021-02-24, https://xxxx, besökt 2021-03-15. Andra gången: Övidsson,”Mörtar…”.	Övidsson, ”Mörtar…”.
I referenslistan	Övidsson, Mats, 2021. *Mörtar har fler ben än abborrar* 😎 @Fiskenytt #Fiskelycka #Fiskben. [Facebook-inlägg], 24 februari, https://xxxx.	Övidsson, M. (2020-02-24). *Mörtar har fler ben än abborrar* 😎 @ Fiskenytt #Fiskelycka #Fiskben. [Bild med text]. Facebook. https://xxxx	Mats Övidsson, ”Mörtar har fler ben än abborrar 😎”, *Facebook*, 2021-02-24, https://xxxx, besökt 2021-03-15.	Övidsson, Mats. ”Mörtar har fler ben än abborrar 😎 @Fiskenytt #Fiskelycka #Fiskben”, *Facebook*, 24 februari, 2021, https://xxxxx.

Kommentarer på Facebook, Tumblr, LinkedIn m.fl.

Grundinformation

Vem? Författare till kommentaren: Mats Övidsson. Författare till inlägget: Birgitta Birgersdotter.
När? Publiceringsdatum till kommentaren: 2021-02-24.
Vad? Typ av inlägg: Kommentar till inlägg. Kommentarens första 20 ord: ”Lite fiskben är väl inget problem, eller?” Inläggets titel: Mörtar har fler ben än abborrar 😎 @fiskenytt #Fiskelycka #Fiskben
Var? URL (appens/webbsidans delade länk för inlägget): https://xxxxx
Hur? Publicering på Facebook-

	HARVARD	**APA**	**Oxford**	**Chicago**
I texten	Alt a: (Övidsson 2021:10–12) Alt b: Övidsson (2021:10–12)	Alt. a: (Övidsson, 2021) Alt. b: Övidsson (2021)	1 {fotnot}	1 {fotnot}
I fotnot			Första gången: M. Övidsson, ”Lite fiskben är väl inget problem eller?”, (Kommentar till inlägget B. Birgersson, *”Mörtar har fler ben än abborrar* 😎”), Facebook, 2021-02-24, https://xxxx, besökt 2021-03-15. Andra gången: Övidsson,”Lite fiskben…”.	Övidsson, ”Lite fiskben…”.
I referenslistan	Övidsson, Mats, 2021. Lite fiskben är väl inget problem eller? [Kommentar till inlägget: Birgersson, Birgitta. *Mörtar har fler ben än abborrar* 😎. [Facebook-kommentar], 24 februari, https://xxxx.	Övidsson, M. (2020-02-24). Lite fiskben är väl inget problem eller? [Kommentar till inlägget: *Mörtar har fler ben än abborrar* 😎”]. Facebook. https://xxxx	Mats Övidsson, ”Lite fiskben är väl inget problem eller?”, [Kommentar till inlägget B. Birgersson, *”Mörtar har fler ben än abborrar* 😎”], Facebook, 2021-02-24, https://xxxx, besökt 2021-03-15.	Övidsson, Mats. ”Lite fiskben är väl inget problem eller?”, 24 februari, 2021. Kommentar till Birgersdotter, ” Mörtar har fler ben än abborrar 😎”, https://xxxx.

Bild eller film på Instagram

Grundinformation

Vem? Författare: Mats Övidsson. Konto: @MatsÖvidsson

När? Publiceringsdatum: 2021-02-24.

Vad? Typ av inlägg: Bild. Inläggets titel: Mörtar har fler ben än abborrar 😎 @fiskenytt #Fiskelycka #Fiskben

Var? URL (appens/webbsidans delade länk för inlägget): https://xxxxx

Hur? Publicering på Instagram

	HARVARD	**APA**	**Oxford**	**Chicago**
I texten	Alt a: (Övidsson 2021) Alt b: Övidsson (2021)	Alt. a: (Övidsson, 2021) Alt. b: Övidsson (2021)	1 {fotnot}	1 {fotnot}
I fotnot			Första gången: M. Övidsson (@ MatsÖvidsson), ”Mörtar har fler ben än abborrar 😎”, [Bild], Instagram, 2021-02-24, https://xxxx, besökt 2021-03-15. Andra gången: Övidsson, ”Mörtar...”.	Övidsson, Mörtar....
I referenslistan	Övidsson, Mats (@ MatsÖvidsson), 2021. *Mörtar har fler ben än abborrar* 😎 @Fiskenytt #Fiskelycka #Fiskben. [Instagrambild], 24 februari, https://xxxx.	Övidsson, M. [@ MatsÖvidsson]. (2020-02-24). *Mörtar har fler ben än abborrar* 😎 @ Fiskenytt #Fiskelycka #Fiskben. [Bild]. Instagram. https://xxxx	Mats Övidsson (@ MatsÖvidsson), ”Mörtar har fler ben än abborrar 😎”, Instagram, 2021-02-24, https://xxxx, besökt 2021-03-15.	Övidsson, Mats (@ MatsÖvidsson). ”Mörtar har fler ben än abborrar 😎”, Instagram, 24 februari, 2021, https://xxxx.

Ljudböcker och inlästa läromedel

Grundinformation

Vem? Författare: Mats Övidsson.

När? Publiceringsår för det ursprungliga verket: 2019. Publiceringsår för ljudboken: 2021.

Vad? Typ av media: Ljudbok. Ljudbokens titel: Fiskbenskunskap 1.

Var? Lånad på biblioteket

Hur? Förlag: Digitala fiskstudier AB, Stockholm. Uppläsare: Birgitta Birgersdotter.

	HARVARD	**APA**	**Oxford**	**Chicago**
I texten	Alt a: (Övidsson [2019] 2021) Alt b: Övidsson ([2019] 2021)	Alt. a: (Övidsson, 2019/2021) Alt. b: Övidsson (2019/2021)	1 {fotnot}	1 {fotnot}
I fotnot			Första gången: M. Övidsson, *Fiskbenskunskap 1*, [Ljudbok], (2019; *återutgiven som* ljudbok, inläst av B. Birgersdotter, Stockholm: Digitala fiskstudier AB), 2021. Andra gången: Övidsson, *Fiskbenskunskap 1*.	Övidsson, *Fiskbenskunskap 1*.
I referenslistan	Övidsson, Mats, [2019] 2021. Fiskbenskunskap 1. Uppläst av B. Birgersdotter. [Ljudbok]. Stockholm: Digitala fiskstudier AB.	Övidsson, M. (2021). Fiskbenskunskap 1 (Uppläsare: B. Birgersdotter) [Ljudbok]. Stockholm: Digitala fiskstudier AB. (Originalet publicerat 2019)	Mats Övidsson, *Fiskbenskunskap 1*, (2019; återutgiven som ljudbok, inläst av B. Birgersdotter, Stockholm: Digitala fiskstudier AB), 2021.	Övidsson, Mats. *Fiskbenskunskap 1*. 2019. Återutgiven ljudbok, inläst av B. Birgersdotter, Stockholm: Digitala fiskstudier AB, 2021.

Digitala läromedel på webben

Grundinformation

Vem? Författare: Mats Övidsson.

När? Publiceringsdatum: okänt. Datum för besök: 2021-03-15.

Vad? Typ av media: Digitalt läromedel. Läromedlets titel: Fiskbenskunskap 1. Sida: Mörtar har fler ben än abborrar

Var? URL till sida: https://xxxxx

Hur? Publicering på förlaget Digitala fiskstudier AB:s webbtjänst. Förlagsort: Stockholm.

	HARVARD	**APA**	**Oxford**	**Chicago**
I texten	Alt a: (Övidsson 2021) Alt b: Övidsson (2021)	Alt. a: (Övidsson, 2021) Alt. b: Övidsson (2021)	1 {fotnot}	1 {fotnot}
I fotnot			Första gången: M. Övidsson, ”Mörtar har fler ben än abborrar”, i *Fiskbenskunskap 1*, [Digitalt läromedel], (Stockholm: Digitala fiskstudier AB), 2021, https://xxxxx, besökt 2021-03-15. Andra gången: Övidsson,”Mörtar…”.	Övidsson, ”Mörtar…”
I referenslistan	Övidsson, Mats, 2021. Fiskbenskunskap. [Digitalt läromedel]. Stockholm: Digitala fiskstudier AB, 24 februari, https://xxxxx.	Övidsson, M. (2020-03-15). *Mörtar har fler ben än abborrar.* I Fiskbenskunskap 1 [Digitalt läromedel]. Stockholm: Digitala fiskstudier AB. https://xxxx	Mats Övidsson, ”Mörtar har fler ben än abborrar”, i *Fiskbenskunskap 1*, (Stockholm: Digitala fiskstudier AB), 2021, https://xxxxx, besökt 2021-03-15.	Övidsson, Mats. ”Mörtar har fler ben än abborrar”. I *Fiskbenskunskap 1*, Stockholm: Digitala Fiskstudier AB, besökt 24 februari, 2021, https://xxxx.

Poddar - avsnitt

* Saknas url för poddavsnittet behövs det inte noteras.

Grundinformation

Vem? Värd: Mats Övidsson. Företag: Grönköpings radio.

När? Publiceringsdatum: 2021-02-24.

Vad? Typ av inlägg: Podd-avsnitt. Serie: Fiskeminnen. Avsnittets nummer: 35. Avsnittets titel: Mörtar har fler ben än abborrar.

Var? URL (appens/webbsidans delade länk för poddavsnittet): https://xxxxx

Hur? Publicering på flera plattformar för poddar.

	HARVARD	**APA**	**Oxford**	**Chicago**
I texten	Alt a: (Övidsson 2021) Alt b: Övidsson (2021)	Alt. a: (Övidsson, 2021) Alt. b: Övidsson (2021)	1 {fotnot}	1 {fotnot}
I fotnot			Första gången: M. Övidsson, "Mörtar har fler ben än abborrar", *Fiskeminnen, #35* [Poddavsnitt], (Grönköpings radio, 2021-02-24), https://xxxx. Andra gången: Övidsson,"Mör-tar...".	Övidsson, "Mör-tar...".
I referenslistan	Övidsson, Mats, 2021. *Fiskeminnen.* #35: Mörtar har fler ben än abbor-rar. [Poddavsnitt], 24 februari. htt-ps://xxxx	Övidsson, M. (Värd). (2020-02-24). Mörtar har fler ben än abborrar (nr. 35). I *Fiskemin-nen* [Poddavsnitt]. Grönköpings radio. https://xxxx	Mats Övidsson, "Mörtar har fler ben än abborrar", *Fiskeminnen, #35,* [Poddavsnitt], (Grönköpings radio, 2021-02-24), https://xxxx..	Övidsson, Mats. "Mörtar har fler ben än abborrar", *Fiskeminnen,* #35, Grönköpings radio, 24 februari, 2021, https://xxx. .

Powerpoint och wordfiler

Grundinformation

Vem? Författare: Mats Övidsson.

När? Publiceringsdatum: 2021-02-24. Datum för nedladdning: 2021-03-15.

Vad? Typ av inlägg: Powerpoint. Titel: Mörtar har fler ben än abborrar.

Var? URL (appens/webbsidans delade länk): https://xxxxx

Hur? Publicering på kurs i lärplattform. Ansvarig för kursen: Högskolan i Grönköping, Institutionen för fiskbensstudier

	HARVARD	**APA**	**Oxford**	**Chicago**
I texten	Alt a: (Övidsson 2021) Alt b: Övidsson (2021)	Alt. a: (Övidsson, 2021) Alt. b: Övidsson (2021)	1 {fotnot}	1 {fotnot}
I fotnot			Första gången: M. Övidsson, ”Mörtar har fler ben än abborrar”, [Powerpoint], (Högskolan i Grönköping, Institutionen *för fiskvensstudier*), 2021-02-24, https://xxxxx, besökt 2021-03-15. Andra gången: Övidsson, ”Mörtar....”	Övidsson, ”Mörtar...”.
I referenslistan	Övidsson, Mats, 2021. *Mörtar har fler ben än abborrar.* [Powerpoint]. Högskolan i Grönköping, Institutionen för fiskbensstudier, 24 februari. https://xxxx	Övidsson, M. (2020-02-24). *Mörtar har fler ben än abborrar* [Powerpoint]. Högskolan i Grönköping, Institutionen för fiskbensstudier. https://xxxx	Mats Övidsson, ”Mörtar har fler ben än abborrar”, [Powerpoint], (Högskolan i Grönköping, Institutionen *för fiskvensstudier*), 2021-02-24, https://xxxxx, besökt 2021-03-15.	Övidsson, Mats. ”Mörtar har fler ben än abborrar”, Högskolan i Grönköping, Institutionen för fiskbensstudier, 24 februari, 2021, https://xxxx.

Strömmad film med angiven regissör

Grundinformation

Vem? Regissör: Mats Övidsson

Vad? Filmtitel: Observationer och iakttagelser

När? Releaseår: 2021. Senaste datum då filmen fanns tillgänglig: 2021-03-15

Var? Filmbolag: Conditus film.

Hur? Netflix. Webbsida för film: https://xxxx

	HARVARD	**APA**	**Oxford**	**Chicago**
I texten	Alt. a: (*Observationer och iakttagelser* 2021) Alt. b: Observationer och iakttagelser (2021)	Alt. a: (Övidsson, 2021) Alt. b: Övidsson (2021)	1 {fotnot}	1 {fotnot}
I fotnot			Första gången: *Observationer och iakttagelser,* M. Övidsson, regi (Conditus film, 2021), (tillgänglig via Netflix) [film], https://xxxx, besökt 2021-03-15. Andra gången: *Observationer och iakttagelser*	*Observationer och iakttagelser.*
I referenslistan	*Observationer och iakttagelser,* 2021 [Film]. Mats Övidsson, regi. Netflix. https://xxxx	Övidsson, M. (Regi). (2021). *Observationer och iakttagelser* [Film]. Netflix. https://xxxx	*Observationer och iakttagelser,* Mats Övidsson, regi (Conditus film, 2021), (Tillgänglig via YouTube) [film] https://youtube/film123 hämtad 2021-03-15.	*Observationer och iakttagelser.* Netflix. Regi Mats Övidsson. Conditus film, 2021. https://xxxx

Strömmad film med anonym utgivare

Grundinformation

Vad? Filmtitel: Observationer och iakttagelser

När? Uppladdad: 2021-02-24. Senaste datum då filmen fanns tillgänglig: 2021-03-15

Hur? YouTube. Webbplats: https://youtube/film123

	HARVARD	APA	Oxford	Chicago
I texten	Alt. a: (*Observationer och iakttagelser* 2021) Alt. b: Observationer och iakttagelser (2021)	Alt. a: (*Observationer och iakttagelser*, 2021) Alt. b: Observationer och iakttagelser (2021)	1 {fotnot}	1 {fotnot}
I fotnot	{ingen fotnot}	{ingen fotnot}	Första gången: *Observationer och iakttagelser* (tillgänglig via YouTube) [film] https://youtube/film123, besökt 2021-03-15. Andra gången: *Observationer och iakttagelser*	*Observationer och iakttagelser.*
I referenslistan	*Observationer och iakttagelser*, 2021. [Film]. YouTube, 24 februari, https://youtube/film123	*Observationer och iakttagelser* (2021-02-24) [Film]. YouTube. https://youtube/film123	*Observationer och iakttagelser* (Tillgänglig via YouTube) [film] https://youtube/film123, besökt 2021-03-15.	*Observationer och iakttagelser.* YouTube. https://youtube/film123.

Föreläsningar, inspelade (och TED-föredrag)

Grundinformation

Vem? Föreläsare: Mats Övidsson.

När? Publiceringsdatum: 2021-02-24. Senast besökt: 2021-03-15

Vad? Typ av inlägg: Inspelad föreläsning. Rubrik: Mörtar har fler ben än abborrar

Var? URL (om länk till föreläsningen finns): https://xxxxx

Hur? Tjänst för publicering: Kaltura. Ansvarig för tjänsten: Högskolan i Grönköping, Institutionen för fiskbensstudier

	HARVARD	APA	Oxford	Chicago
I texten	Alt a: (Övidsson 2021) Alt b: Övidsson (2021)	Alt. a: (Övidsson, 2021) Alt. b: Övidsson (2021)	1 {fotnot}	1 {fotnot}
I fotnot			Första gången: M. Övidsson, ”Mörtar har fler ben än abborrar”, [Inspelad föreläsning], (Högskolan i Grönköping, Institutionen för fiskbensstudier), 2021-02-23, https://xxxxx, besökt 2021-03-15. Andra gången: Övidsson, ”Mörtar...”	Övidsson, ”Mörtar...”.
I referenslistan	Övidsson, Mats, 2021. *Mörtar har fler ben än abborrar.* [Inspelad föreläsning]. Högskolan i Grönköping, Institutionen för fiskbensstudier, 24 februari. https://xxxx.	Övidsson, M. (2020-02-24). *Mörtar har fler ben än abborrar* [Inspelad föreläsning]. Högskolan i Grönköping, Institutionen för fiskbensstudier. https://xxxx	Mats Övidsson, Övidsson, ”Mörtar har fler ben än abborrar” [Inspelad föreläsning], (Högskolan i Grönköping, Institutionen för fiskbensstudier), 2021-02-23, https://xxxxx, besökt 2021-03-15.	Övidsson, Mats. ”Mörtar har fler ben än abborrar”. Videoföreläsning på Högskolan i Grönköping, Institutionen för fiskbensstudier, 24 februari, 2021, https://xxxx.

Föreläsningar, live med webbkamera/webbinarium

Grundinformation

Vem? Föreläsare: Mats Övidsson

När? Sändningsdatum: 2021-02-24.

Vad? Typ av inlägg: Webbinarium. Rubrik: Mörtar har fler ben än abborrar

Var? URL (om länk till föreläsningen finns): https://xxxxx

Hur? Tjänst för publicering: Zoom. Ansvarig för tjänsten: Högskolan i Grönköping, Institutionen för fiskbensstudier

	HARVARD	APA	Oxford	Chicago
I texten	Alt a: (Övidsson 2021) Alt b: Övidsson (2021)	Alt. a: (Övidsson, 2021) Alt. b: Övidsson (2021)	1 {fotnot}	1 {fotnot}
I fotnot			Första gången: M. Övidsson, ”Mörtar har fler ben än abborrar”, [Webbinarium], (Högskolan i Grönköping, Institutionen för fiskbensstudier), 2021-02-23, https://xxxxx, besökt 2021-03-15. Andra gången: Övidsson, ”Mörtar...”.	Övidsson, ”Mörtar...”.
I referenslistan	Övidsson, Mats, 2021. *Mörtar har fler ben än abborrar.* [Webbinarium]. Högskolan i Grönköping, Institutionen för fiskbensstudier, 24 februari. https://xxxx	Övidsson, M. (2020-02-24). *Mörtar har fler ben än abborrar* [Webbinarium]. Högskolan i Grönköping, Institutionen för fiskbensstudier. https://xxxx	Mats Övidsson, ”Mörtar har fler ben än abborrar”, [Webbinarium], (Högskolan i Grönköping, Institutionen för fiskbensstudier), 2021-02-23, https://xxxxx, besökt 2021-03-15.	Övidsson, Mats. ”Mörtar har fler ben än abborrar”. Webbinarium på Högskolan i Grönköping, Institutionen för fiskbensstudier, 24 februari, 2021, https://xxxx.

Twittermeddelande

Grundinformation
Vem? Författare: Mats Övidsson. Konto: @MatsÖvidsson
När? Publiceringsdatum: 2021-02-24
Vad? Typ av inlägg: Bild med text. Inläggets titel: Mörtar har fler ben än abborrar 😎 @fiskenytt #Fiskelycka #Fiskben
Var? URL: https://xxxxx
Hur? Publicering på Twitter

Särskild information:

* APA: Maximalt de första 20 första orden som titel. Använd emoji om det har använts.
* Chicago: Maximalt de första 160 första tecknen som titel. Använd emoji om det har använts.

	HARVARD	APA	Oxford	Chicago
I texten	Alt a: (Övidsson 2021) Alt b: Övidsson (2021)	Alt. a: (Övidsson, 2021) Alt. b: Övidsson (2021)	1 {fotnot}	1 {fotnot}
I fotnot			Första gången: M. Övidsson (@MatsÖvidsson), ”Mörtar har fler ben än abborrar 😎 @Fiskenytt #Fiskelycka #Fiskben”, [Twittermeddelande], Twitter, 2021-02-23, https://xxxxx, besökt 2021-03-15. Andra gången: Övidsson, ”Mörtar”	Övidsson, ”Mörtar…”.
I referenslistan	Övidsson, Mats (@MatsÖvidsson), 2021. *Mörtar har fler ben än abborrar* 😎 @Fiskenytt #Fiskelycka #Fiskben. [Twittermeddelande], 24 februari, https://xxxx.	Övidsson, M. [@MatsÖvidsson]. (2020-02-24). *Mörtar har fler ben än abborrar* 😎 @Fiskenytt #Fiskelycka #Fiskben [Bild med text] [Twittermeddelande]. Twitter. https://xxxx	Mats Övidsson (@MatsÖvidsson), ”Mörtar har fler ben än abborrar 😎 @Fiskenytt #Fiskelycka #Fiskben”, [Twittermeddelande], Twitter, 2021-02-23, https://xxxxx, besökt 2021-03-15.	Övidsson, Mats (@MatsÖvidsson). ”Mörtar har fler ben än abborrar 😎 @Fiskenytt #Fiskelycka #Fiskben”, Twitter, 24 februari, 2021, https://xxxx.

Bloggpost

Grundinformation

Vem? Författare: Mats Övidsson.

När? Publiceringsdatum: 2021-02-24. Besökt: 2021-03-15

Vad? Typ av inlägg: Bloggpost. Inläggets titel: Mörtar har fler ben än abborrar

Var? URL: https://xxxxx

Hur? Publicering egen webbsida.

	HARVARD	**APA**	**Oxford**	**Chicago**
I texten	Alt a: (Övidsson 2021) Alt b: Övidsson (2021)	Alt. a: (Övidsson, 2021) Alt. b: Övidsson (2021)	1 {fotnot}	1 {fotnot}
I fotnot			Första gången: M. Övidsson, ”Mörtar har fler ben än abborrar”, [Bloggpost], 2021-02-23, https://xxxxx, besökt 2021-03-15. Andra gången: Övidsson, ”Mörtar...”	Övidsson, ”Mörtar...”.
I referenslistan	Övidsson, Mats, 2021. *Mörtar har fler ben än abborrar.* [Bloggpost], 24 februari, https://xxxx	Övidsson, M. (2020-02-24). *Mörtar har fler ben än abborrar* [Bloggpost]. https://xxxx	Mats Övidsson, ”Mörtar har fler ben än abborrar”, [Bloggpost], 2021-02-23, https://xxxxx, besökt 2021-03-15.	Övidsson, Mats.”Mörtar har fler ben än abborrar”. Bloggpost, 24 februari, 2021, https://xxxx.

Läroplaner, policies och andra digitala styrdokument

* Hänvisa först och främst till pdf-filen och sidan i denna om det finns en sådan, även om det kan finnas en utgåva som webbsida.
* Om det anges sidnummer utskrivet i pdf-filen, använd detta. Saknas sidnummer, ange sidans nummer i programmet.
* För läroplanen går det att hänvisa antingen till Skolverket som referens eller till förkortningen för själva läroplanen, exempelvis Lgr11. Ange alltid vilken revidering av läroplanen det handlar om.

Grundinformation

Vem? Författare: Skolverket.

När? Publiceringsår: 2021. Hämtad från webben: 2021-03-15

Vad? Gängse förkortning: Lgr11 (rev. 19). Fullständig titel: Läroplan för grundskolan, förskoleklassen och fritidshemmet 2011. Reviderad 2019.

Var? Sida i pdf-dokumentet: 10. Publiceringsort: Stockholm. Förlag: Skolverket. URL: https://xxxxx

Hur? PDF-dokument på webbsida.

	HARVARD	APA	Oxford	Chicago
I texten	Alt a: (Lgr11 (rev. 2019):10) Alt b: Lgr11 (rev. 2019) (2019:10)	Alt. a: (Lgr11 (rev. 2019), s. 10) Alt. b: Lgr11 (rev. 2019) (2019, s. 10)	1 {fotnot}	1 {fotnot}
I fotnot			Första gången: Lgr11 (rev. 2019) = Skolverket, *Läroplan för grundskolan, förskoleklassen och fritidshemmet 2011. Reviderad 2019*, [PDF], (Stockholm: Skolverket), 2019, https://xxxx, besökt 2021-03-15. Andra gången: *Lgr11 (rev. 2019)*.	Lgr11 (rev. 2019), 10.
I referenslistan	Lgr11 (rev. 2019) = Skolverket, 2019. *Läroplan för grundskolan, förskoleklassen och fritidshemmet 2011. Reviderad 2019*. [PDF]. https://xxxxx	Lgr11 (rev. 2019) = Skolverket (2019). *Läroplan för grundskolan, förskoleklassen och fritidshemmet 2011. Reviderad 2019*. Stockholm: Skolverket. [PDF] https://xxxx	Lgr11 (rev. 2019) = Skolverket, *Läroplan för grundskolan, förskoleklassen och fritidshemmet 2011. Reviderad 2019*, [PDF], (Stockholm: Skolverket), 2019, https://xxxx, besökt 2021-03-15).	Lgr11 (rev. 2019) = Skolverket, *Läroplan för grundskolan, förskoleklassen och fritidshemmet 2011. Reviderad 2019*. Stockholm: Skolverket, 2019, https://xxxx.

Referenser till personlig kommunikation: E-post

* Återfinns inte i referenslistan, utan enbart som parentes eller fotnot.

Grundinformation

Vem? Avsändare till e-posten: Mats Övidsson. Mottagare av e-posten: Birgitta Birgersdotter (dvs författaren).

Vad? Rubrik på e-posten: RE: Fråga om västkusten (hela rubriken)

När? Datum då e-posten skrevs: 2021-02-24

	HARVARD	**APA**	**Oxford**	**Chicago**
I texten	Alt. a: (Mats Övidsson, 2014. *RE: Fråga om västkusten.* [E-post]. (Personlig kommunikation 2021-03-15)) Alt. b: Övidsson (2014. *RE: Fråga om västkusten.* [E-post]. (Personlig kommunikation 2021-03-15))	Alt. a: (M. Övidsson, personlig kommunikation, 2021-03-15) Alt. b: Övidsson (Personlig kommunikation, 2021-03-15)	1 {fotnot}	1 {fotnot}
I fotnot			Första gången: M. Övidsson, ”RE: Fråga om västkusten” [e-post till B. Birgersdotter], 2021-03-15. Andra gången: Övidsson, ”*RE: Fråga om västkusten*”.	Mats Övidsson, e-postmeddelande till författaren, 2021-03-15.

Referenser till personlig kommunikation: Chattar, Whatsapp, Snapchat, sms och personliga meddelanden

* Återfinns inte i referenslistan, utan enbart som parentes eller fotnot.
* Här är det särskilt viktigt att om möjligt göra en skärmdump av meddelandet för att säkerställa källgranskning i efterhand.

Grundinformation

Vem? Författare till meddelandet: Mats Övidsson.

När? Datum när meddelandet skickades: 2021-02-24.

Vad? Inlägget: Mörtar har fler ben än abborrar 😎

Hur? Whatsapp-meddelande

	HARVARD	APA	Oxford	Chicago
I texten	Övidsson	Alt. a: (M. Övidsson, personlig kommunikation genom Whatsapp, 2021-02-24) Alt. b: Övidsson (Personlig kommunikation genom Whatsapp, 2021-02-24)	1 {fotnot}	1 {fotnot}
I fotnot	Mats Övidsson, Personlig kommunikation genom Whatsapp, 2021-02-24.		Första gången: M. Övidsson, (Personlig kommunikation genom Whatsapp med B. Birgersdotter), 2021-02-24. Andra gången: Övidsson, (Personlig kommunikation), *2021-02-24.*	Mats Övidsson, Whatsapp-meddelande till författaren, 2021-02-24.

Referenser till personlig kommunikation: Telefonsamtal & samtal

* Återfinns inte i referenslistan, utan enbart som parentes eller fotnot.

Grundinformation

Vem? Uppringd person: Mats Övidsson. Person som ringer upp: Birgitta Birgersdotter

När? Datum då samtalet fördes: 2021-03-15

Hur? Telefonsamtal

	HARVARD	**APA**	**Oxford**	**Chicago**
I texten	Alt. a: (Mats Övidsson, 2014. [Telefonsamtal]. (Personlig kommunikation 2021-03-15)) Alt. b: Övidsson (2014. [Telefonsamtal]. (Personlig kommunikation 2021-03-15))	Alt. a: (M. Övidsson, personlig kommunikation, 2021-03-15) Alt. b: Övidsson (Personlig kommunikation, 2021-03-15)	1 {fotnot}	1 {fotnot}
I fotnot			Första gången: M. Övidsson [telefonsamtal med B. Birgersdotter], 2021-03-15. Andra gången: Övidsson [telefonsamtal].	Mats Övidsson, telefonsamtal med författaren 2021-03-15.

Olika typer av fysiska referenser

Vanlig tryckt bok

Grundinformation

Vem? Författare: Mats Övidsson

Vad? Bokens titel: Observationer och iakttagelser. Bokens undertitel: Perspektiv på svenskt skolväsende

När? Publiceringsår: 2021

Var? Förlag: Conditus förlag. Förlagsort: Stockholm

Exempel på exakt sidhänvisning: sidorna 10–12

	HARVARD	**APA**	**Oxford**	**Chicago**
I texten	Alt. a: (Övidsson 2021:10–12) Alt. b: Övidsson (2021:10–12)	Alt. a: (Övidsson, 2021, s. 10–12) Alt. b: Övidsson (2021, s. 10–12)	1 {fotnot}	1 {fotnot}
I fotnot			Första gången: M. Övidsson, *Observationer och iakttagelser: Perspektiv på svenskt skolväsende* (Stockholm: Conditus förlag, 2021), 10–12. Andra gången: Övidsson, *Observationer och iakttagelser*, 10–12.	Övidsson, *Observationer och iakttagelser*, 10–12.
I referenslistan	Övidsson, Mats, 2021. *Observationer och iakttagelser: Perspektiv på svenskt skolväsende.* Stockholm: Conditus förlag.	Övidsson, M. (2021). *Observationer och iakttagelser: Perspektiv på svenskt skolväsende.* Stockholm: Conditus förlag.	Mats Övidsson, *Observationer och iakttagelser: Perspektiv på svenskt skolväsende* (Stockholm: Conditus förlag, 2021).	Övidsson, Mats. *Observationer och iakttagelser: Perspektiv på svenskt skolväsende.* Stockholm: Conditus förlag, 2021.

Bok i en akademisk serie

Grundinformation

Vem? Författare: Mats Övidsson

Vad? Bokens titel: Observationer och iakttagelser. Bokens undertitel: Perspektiv på svenskt skolväsende. Serie: Skrifter från Svenska läroföreningen. Nummer i serien: 12

När? Publiceringsår: 2021

Var? Förlag: Conditus förlag. Förlagsort: Stockholm

Exempel på exakt sidhänvisning: sidorna 10–12

	HARVARD	**APA**	**Oxford**	**Chicago**
I texten	Alt. a: (Övidsson 2010:10–12) Alt. b: Övidsson (2021:10–12)	Alt. a: (Övidsson, 2021, s. 10–12) Alt. b: Övidsson (2021, s. 10–12)	1 {fotnot}	1 {fotnot}
I fotnot			Första gången: M. Övidsson, *Observationer och iakttagelser: Perspektiv på svenskt skolväsende* (Skrifter från Svenska läroföreningen, 12; Stockholm: Conditus förlag, 2021), 10–12. Andra gången: Övidsson, *Observationer och iakttagelser*, 10–12.	Övidsson, *Observationer och iakttagelser*, 10–12.
I referenslistan	Övidsson, Mats, 2021. *Observationer och iakttagelser: Perspektiv på svenskt skolväsende*. Skrifter från Svenska läroföreningen, 12. Stockholm: Conditus förlag.	Övidsson, M. (2021). *Observationer och iakttagelser: Perspektiv på svenskt skolväsende.* Skrifter från Svenska läroföreningen, 12. Stockholm: Conditus förlag.	Mats Övidsson, *Observationer och iakttagelser: Perspektiv på svenskt skolväsende* (Skrifter från Svenska läroföreningen, 12; Stockholm: Conditus förlag, 2021).	Övidsson, Mats. *Observationer och iakttagelser: Perspektiv på svenskt skolväsende*. Skrifter från svenska läroföreningen, 12. Stockholm: Conditus förlag, 2021.

Bokband i ett flerbandsverk med gemensam titel

Grundinformation

Vem? Författare till det enskilda bokbandet: Mats Övidsson

Vad? Flerbandsverkets namn: Utbildning i Sverige. Totalt antal volymer i flerbandsverket: 10. Volym i flerbandsverket: 3

När? Publiceringsår: 2021

Var? Förlag: Conditus förlag. Förlagsort: Stockholm

Exempel på exakt sidhänvisning: sidorna 10–12

	HARVARD	**APA**	**Oxford**	**Chicago**
I texten	Alt. a: (Övidsson 2021:10–12) Alt b: Övidsson (2021: 10–12)	Alt. a: (Övidsson, 2021, s. 10–12) Alt. b: Övidsson (2021, s. 10–12)	1 {fotnot}	1 {fotnot}
I fotnot			Första gången: M. Övidsson, *Utbildning i Sverige, 10 vol., iii* (Stockholm: Conditus förlag, 2021), 10–12. Andra gången: Övidsson, *Utbildning i Sverige, iii,* 10–12.	Övidsson, *Utbildning i Sverige,* vol. 3, 10–12.
I referenslistan	Övidsson, Mats, 2021. *Utbildning i Sverige*. Vol. 3. Stockholm: Conditus förlag.	Övidsson, M. (2021). *Utbildning i Sverige* (Vol. 3). Stockholm: Conditus förlag.	Mats Övidsson, *Utbildning i Sverige, 10 vol., iii* (Stockholm: Conditus förlag, 2021).	Övidsson, Mats. *Utbildning i Sverige.* Vol. 3. Stockholm: Conditus förlag, 2021.

Bokband i ett flerbandsverk med annan titel

Grundinformation

Vem? Det enskilda bokbandets författare: Mats Övidsson

Vad? Bokbandets titel: Observationer och iakttagelser. Flerbandsverkets namn: Utbildning i Sverige. Totalt antal volymer i flerbandsverket: 10. Volym i flerbandsverket: 3

När? Publiceringsår: 2021

Var? Förlag: Conditus förlag. Förlagsort: Stockholm

Exempel på exakt sidhänvisning: sidorna 10–12

	HARVARD	**APA**	**Oxford**	**Chicago**
I texten	Alt. a: (Övidsson 2021:10–12) Alt. b: Övidsson (2021:10–12)	Alt. a: (Övidsson, 2021, s. 10–12) Alt. b: Övidsson (2021, s. 10–12)	1 {fotnot}	1 {fotnot}
I fotnot			Första gången: M. Övidsson, *Utbildning i Sverige, iii: Observationer och iakttagelser* (Stockholm: Conditus förlag, 2021), 10–12. Andra gången: Övidsson, *Utbildning i Sverige, iii*, 10–12.	Övidsson, *Observationer och iakttagelser*, 10–12.
I referenslistan	Övidsson, Mats, 2021. *Utbildning i Sverige.* Vol. 3. *Observationer och iakttagelser.* Stockholm: Conditus.	Övidsson, M. (2021). Observationer och iakttagelser. I *Utbildning i Sverige* (Vol. 3). Stockholm: Conditus förlag.	Mats Övidsson, *Utbildning i Sverige, iii: Observationer och iakttagelser* (Stockholm: Conditus förlag, 2021).	Övidsson, Mats. *Utbildning i Sverige.* Vol. 3, *Observationer och iakttagelser.* Stockholm: Conditus förlag, 2021.

Antologi

Grundinformation

Vem? Redaktör: Mats Övidsson (fler redaktörer, följer samma mönster som författare)

Vad? Antologins titel: Observationer och iakttagelser. Antologins undertitel: Perspektiv på svenskt skolväsende

När? Publiceringsår: 2021

Var? Förlag: Conditus förlag. Förlagsort: Stockholm

Exempel på exakt sidhänvisning: sidorna 10–12

	HARVARD	**APA**	**Oxford**	**Chicago**
I texten	Alt. a: (Övidsson 2021:10–12) Alt. b: Övidsson (2021:10–12)	Alt. a: (Övidsson, 2021, s. 10–12) Alt. b: Övidsson (2021, s. 10–12)	1 {fotnot}	1 {fotnot}
I fotnot		{ingen fotnot}	Första gången: M. Övidsson red., *Observationer och iakttagelser: Perspektiv på svenskt skolväsende* (Stockholm: Conditus förlag, 2021), 10–12. Andra gången: Övidsson red., *Observationer och iakttagelser,* 10–12.	Övidsson, *Observationer och iakttagelser,* 10–12.
I referenslistan	Övidsson, Mats, red., 2021. *Observationer och iakttagelser: Perspektiv på svenskt skolväsende.* Stockholm: Conditus förlag.	Övidsson, M. (Red.). (2021). *Observationer och iakttagelser: Perspektiv på svenskt skolväsende.* Stockholm: Conditus förlag.	Mats Övidsson red., *Observationer och iakttagelser: Perspektiv på svenskt skolväsende* (Stockholm: Conditus förlag, 2021).	Övidsson, Mats, red. *Observationer och iakttagelser: Perspektiv på svenskt skolväsende.* Stockholm: Conditus förlag, 2021.

Återutgiven bok

* Poängen med att notera ursprungspublikationens årtal är att visa på att boken/verket utgivits för länge sedan och att den referens som anges inte är den ursprungliga publikationen. Ibland kan detta vara väsentligt, som exempelvis en 1600-talsförfattares påverkan på en författare från 1900-talet. Publiceringsårtalen är då viktiga för att förstå vem som påverkade vem, fastän de texter som egentligen lästs är återpublicerade på 2000-talet. Det är relativt vanligt att äldre viktiga texter blir återutgivna textsamlingar publicerade decennier senare för att göra dem tillgängliga.

* Markering av att ett verk är återutgivet, är enbart relevant för hänvisningar där författare och årtal anges inom parentes eller i fotnot. Oxford-stilen och Chicago-stilen gör ingen åtskillnad, däremot gör det så kallade fotnotssystemet åtskillnad genom att ange det ursprungliga datumet före den lästa publikationens årtal, exempelvis som i Harvard-stilen: Övidsson [1950] 2021:10–12.

Grundinformation

Vem? Författare: Mats Övidsson

Vad? Bokens titel: Observationer och iakttagelser. Bokens undertitel: Perspektiv på svenskt skolväsende

När? Ursprungligt publiceringsår: 1950. Nytt publiceringsår: 2021

Var? Förlag (för 2021 års publicering): Conditus förlag. Förlagsort (för 2021 års publicering): Stockholm

Exempel på exakt sidhänvisning: sidorna 10–12

	HARVARD	**APA**	**Oxford**	**Chicago**
I texten	Alt. a: (Övidsson [1950] 2021:10–12) Alt. b: Övidsson ([1950] 2021:10–12)	Alt. a: (Övidsson, 1950/2021, s. 10–12) Alt. b: Övidsson (1950/2021, s. 10–12)	1 {fotnot}	1 {fotnot}
I fotnot			Första gången: M. Övidsson, *Observationer och iakttagelser: Perspektiv på svenskt skolväsende* (1950; återutg. Stockholm: Conditus förlag, 2021), 10–12. Andra gången: Övidsson, *Observationer och iakttagelser*, 10–12.	Övidsson, *Observationer och iakttagelser*, 10–12.
I referenslistan	Övidsson, Mats, [1950] 2021. *Observationer och iakttagelser: Perspektiv på svenskt skolväsende*. Återutgiven, Stockholm: Conditus förlag. Citat refererar till den återutgivna versionen.	Övidsson, M. (2021). *Observationer och iakttagelser: Perspektiv på svenskt skolväsende*. Stockholm: Conditus förlag. (Originalutgåvan utgiven 1950).	Mats Övidsson, *Observationer och iakttagelser: Perspektiv på svenskt skolväsende* (1950; återutg. Stockholm: Conditus förlag, 2021).	Övidsson, Mats. *Observationer och iakttagelser: Perspektiv på svenskt skolväsende*. 1950. Återutgiven, Stockholm: Conditus förlag, 2021.

Senare upplaga

Grundinformation

Vem? Författare: Mats Övidsson

Vad? Bokens titel: Observationer och iakttagelser. Bokens undertitel: Perspektiv på svenskt skolväsende

När? Publiceringsår för upplagan: 2021. Upplaga: Andra omarbetade upplagan

Var? Förlag: Conditus förlag. Förlagsort: Stockholm

Exempel på exakt sidhänvisning: sidorna 10–12

	HARVARD	**APA**	**Oxford**	**Chicago**
I texten	Alt. a: (Övidsson 2021:10–12) Alt. b: Övidsson (2021:10–12)	Alt. a: (Övidsson, 2021, s. 10–12) Alt. b: Övidsson (2021, s. 10–12)	1 {fotnot}	1 {fotnot}
I fotnot			Första gången: M. Övidsson, *Observationer och iakttagelser: Perspektiv på svenskt skolväsende*, 2 omarb. utg. (Stockholm: Conditus förlag, 2021), 10–12. Andra gången: Övidsson, *Observationer och iakttagelser*, 10–12.	Övidsson, *Observationer och iakttagelser*, 10–12.
I referenslistan	Övidsson, Mats, 2021. *Observationer och iakttagelser: Perspektiv på svenskt skolväsende*. 2 omarb. utg. Stockholm: Conditus förlag.	Övidsson, M. (2021). *Observationer och iakttagelser: Perspektiv på svenskt skolväsende* (2 omarb. utg.). Stockholm: Conditus förlag.	Mats Övidsson, *Observationer och iakttagelser: Perspektiv på svenskt skolväsende*, 2 omarb. utg. (Stockholm: Conditus förlag, 2021).	Övidsson, Mats. *Observationer och iakttagelser: Perspektiv på svenskt skolväsende*. 2 omarb. utg. Stockholm: Conditus förlag, 2021.

Bokkapitel i antologi

* Författare till ett kapitel i ett verk skrivet av en annan författare måste alltid anges med en egen referens.
* Används flera kapitel från samma antologi påverkar inte detta referenserna utan de listas efter kapitelförfattare i referenslistan.

Grundinformation

Vem? Kapitelförfattare: Mats Övidsson. Redaktör för antologin: Birgitta Birgersdotter
Vad? Kapitlets titel: Observationer och iakttagelser. Bokens titel: Utbildning i Sverige
När? Publiceringsår: 2021
Var? Förlag: Conditus förlag. Förlagsort: Stockholm
Exempel på exakt sidhänvisning: sidorna 10–12

	HARVARD	APA	Oxford	Chicago
I texten	Alt. a: (Övidsson 2021:10–12) Alt. b: Övidsson (2021:s. 10–12)	Alt. a: (Övidsson, 2021, s. 10–12) Alt. b: Övidsson (2021, s. 10–12)	1 {fotnot}	1 {fotnot}
I fotnot			Första gången: M. Övidsson, ”Observationer och iakttagelser” i B. Birgersdotter red., *Utbildning i Sverige* (Stockholm: Conditus förlag, 2021), 10–12. Andra gången: Övidsson, ”Observationer och iakttagelser”, 10–12.	Övidsson, ”Observationer och iakttagelser”, 10–12.
I referenslistan	Övidsson, Mats, 2021. Observationer och iakttagelser. I: B. BIRGERSDOTTER, red. *Utbildning i Sverige*. Stockholm: Conditus förlag, s. 5–25.	Övidsson, M. (2021). Observationer och iakttagelser. I B. Birgersdotter (Red.), *Utbildning i Sverige*. (s. 5–25) Stockholm: Conditus förlag.	Mats Övidsson, ”Observationer och iakttagelser” i Birgitta Birgersdotter red., *Utbildning i Sverige* (Stockholm: Conditus förlag, 2021), 5–25.	Övidsson, Mats. ”Observationer och iakttagelser”. I *Utbildning i Sverige*. Red. Birgitta Birgersdotter, 5–25. Stockholm: Conditus förlag, 2021.

Vetenskapliga artiklar utan digital publicering

* Om det artikeln finns publicerad digitalt ska referensen i första hand hänvisa till denna.

Grundinformation

Vem? Artikelförfattare: Mats Övidsson

Vad? Artikelns titel: Observationer och iakttagelser

Var? Tidskrift: Utbildning i Sverige. Volym: 82. Nummer: 4

När? Publiceringsår: 2021

Exempel på exakt sidhänvisning: sidorna 10–12

	HARVARD	**APA**	**Oxford**	**Chicago**
I texten	Alt. a: (Övidsson 2021:10–12) Alt. b: Övidsson (2021:10–12)	Alt. a: (Övidsson, 2021, s. 10–12) Alt. b: Övidsson (2021, s. 10–12)	1 {fotnot}	1 {fotnot}
I fotnot			Första gången: M. Övidsson, ”Observationer och iakttagelser” *Utbildning i Sverige,* 82/4 (2021), 10–12. Andra gången: Övidsson, ”Observationer och iakttagelser”, 10–12.	Övidsson, ”Observationer och iakttagelser”, 10–12.
I referenslistan	Övidsson, Mats, 2021. Observationer och iakttagelser. *Utbildning i Sverige,* 82(6), 5-25.	Övidsson, M. (2021). Observationer och iakttagelser. *Utbildning i Sverige, 82*(6), 5-25.	Mats Övidsson, ”Observationer och iakttagelser” *Utbildning i Sverige,* 82/4 (2021), 5-25.	Övidsson, Mats. ”Observationer och iakttagelser”. *Utbildning i Sverige* 82, nr. 4 (2021): 5-25.

Tryckt tidskrift & dagstidning utan digital publicering

Grundinformation

Vem? Artikelförfattare: Mats Övidsson

Vad? Artikelns titel: Observationer och iakttagelser

När? Publiceringsdatum: 2021-02-24

Var? Dagstidning: Halmstadstidningen. Sektion i dagstidningen: Opinion
Sida i dagstidningen: 10

	HARVARD	APA	Oxford	Chicago
I texten	Alt. a: (Övidsson 2021:10–12) Alt. b: Övidsson (2021:10–12)	Alt. a: (Övidsson, 2021, s. 10–12) Alt. b: Övidsson (2021, s. 10–12)	1 {fotnot}	1 {fotnot}
I fotnot			Första gången: M. Övidsson, ”Observationer och iakttagelser”, *Hallandstidningen*, 2021-02-24, Opinion, 10. Andra gången: Övidsson, ”Observationer och iakttagelser”, 10.	Övidsson, ”Observationer och iakttagelser”.
I referenslistan	Övidsson, Mats, 2021. Observationer och iakttagelser. *Hallandstidningen*, 24 februari, s. 10.	Övidsson, M. (2021-02-24). Observationer och iakttagelser. *Hallandstidningen*, s. 10.	Mats Övidsson, ”Observationer och iakttagelser” *Hallandstidningen*, 2021-02-24, Opinion, 10.	Övidsson, Mats. ”Observationer och iakttagelser”. Opinion. *Hallandstidningen*, 2021-02-24, 10.

Lexikon i tryckt form

* Denna typ av referens gäller enbart allmänna uppslagsord (UO) i lexikon, som exempelvis ”undervisning” i Nationalencyklopedin.
* Längre artiklar med angiven författare refereras till som vanlig artikel.
* Grundprincipen för hänvisningar till UO i ett lexikon är att dela upp lexikonet och uppslagsordet. Referensen i parentesen eller fotnoten går alltid direkt till lexikonet, med ett tillägg till uppslagsordet. I en referenslista hänvisas bara till lexikonet och inte till uppslagsordet.

Grundinformation

Vad? Lexikonets titel: Västsvenskt lexikon. Uppslagsord (u.o., på engelska s.v.): observation

När? Publiceringsår: 2021

Var? Förlag: Conditus förlag. Förlagsort: Stockholm

Sidor i verket där uppslagsordet finns angivet: 10–12

	HARVARD	APA	Oxford	Chicago
I texten	Alt. a: (Västsvenskt lexikon 2021:10–12) Alt. b: Västsvenskt lexikon (2021:10–12)	Alt. a: (”Observation”, 2021) Alt. b: - - -	1 {fotnot}	1 {fotnot}
I fotnot			Första gången: *Västsvenskt lexikon* (Stockholm: Conditus förlag, 2021), u.o. ”observation”. Andra gången: *Västsvenskt lexikon*, u.o. ”observation”.	*Västsvenskt lexikon*, u.o. ”observation”.
I referenslistan	*Västsvenskt lexikon*, 2021. Stockholm: Conditus förlag.	Observation. (2021). *Västsvenskt lexikon*. Stockholm: Conditus förlag.	*Västsvenskt lexikon* (Stockholm: Conditus förlag, 2021).	*Västsvenskt lexikon*. Stockholm: Conditus förlag, 2021.

Bio-filmer & historiska filmer som inte publicerats digitalt

Grundinformation

Vem? Regissör: Mats Övidsson

Vad? Filmtitel: Observationer och iakttagelser

När? Releaseår: 2021

Vem? Filmbolag: Conditus film

	HARVARD	APA	Oxford	Chicago
I texten	Alt. a: (Observationer och iakttagelser 2021) Alt. b: Observationer och iakttagelser (2021)	Alt. a: (Övidsson, 2021) Alt. b: Övidsson (2021)	1 {fotnot}	1 {fotnot}
I fotnot	{ingen fotnot}	{ingen fotnot}	Första gången: Observationer och iakttagelser, M. Övidsson, regi (Conditus film, 2021) [film]. Andra gången: Observationer och iakttagelser	Observationer och iakttagelser.
I referenslistan	*Observationer och iakttagelser*, 2021 [Film]. Mats Övidsson, regi.	Övidsson, M. (Regi). (2021). Observationer och iakttagelser [Film].	Observationer och iakttagelser, Mats Övidsson, regi (Conditus film, 2021) [film].	Observationer och iakttagelser. DVD. Regi Mats Övidsson. Conditus film, 2021.

Föreläsning utan inspelning

* Återfinns vanligen inte i referenslistan, utan enbart som parentes eller fotnot. Endast publicerade föredrag återfinns i referenslistan och behandlas då antingen som artikel eller bokkapitel beroende på publikationsform.
* Be alltid om föreläsarens godkännande innan du hänvisar till dennes föreläsning.

Grundinformation

Vem? Föreläsare: Mats Övidsson

Vad? Föreläsningens titel: Föreläsning 1: Observationer och iakttagelser

När? Datum då föreläsningen hölls: 2021-02-24

Var? Kurs: UV002 Observationsstudier i utbildningsvetenskap. Lärosäte: Materialhögskolan. Institution/sektion: Institutionen för fajansstudier. Ort: Valla

	HARVARD	APA	Oxford	Chicago
I texten	Mats Övidsson, 2014. *Föreläsning 1: Observationer och iakttagelser.* [Föreläsningsanteckningar] UV002 Observationsstudier i utbildningsvetenskap, Institutionen för fajansstudier, Valla, Materialhögskolan, 2021-03-15)	Alt. a: (M. Övidsson, personlig kommunikation, 2021-03-15) Alt. b: Övidsson (Personlig kommunikation, 2021-03-15)	1 {fotnot}	1 {fotnot}
I fotnot			Första gången: M. Övidsson, ”Föreläsning 1: Observationer och iakttagelser” [föreläsnings-anteckningar], UV002 Observationsstudier i utbildningsvetenskap, Institutionen för fajansstudier, Valla, Materialhögskolan, 2021-03-15. Andra gången: Övidsson, ”Föreläsning 1”.	Mats Övidsson, ”Föreläsning 1: Observationer och iakttagelser” (föreläsning, UV002 Observationsstudier i utbildningsvetenskap, Institutionen för fajansstudier, Valla, Materialhögskolan, 2021-03-15).

www.referensguiden.com